Udo Baer & Gabriele Frick-Baer

Das Abc der Gefühle

Udo Baer
Gabriele Frick-Baer

Das Abc der *Gefühle*

BELTZ

Das Werk erschien zuerst in der Reihe »Bibliothek der Gefühle«.

FSC
www.fsc.org
MIX
Papier | Fördert gute Waldnutzung
FSC® C089473

Dieses Buch ist erhältlich als:
ISBN 978-3-407-86634-9 Print
ISBN 978-3-407-86649-3 E-Book (EPUB)

5. Auflage 2025

Werderstraße 10, 69469 Weinheim
service@beltz.de

Umschlaggestaltung: www.sandraklostermeyer.de (Gestaltung), www.stephanengelke.de (Beratung)
Bildnachweis: ©Liliya Rodnikova/stocksy.com
Fotos S. 205: © Baer-Frick-Baer, Fotografin: Arlett Matteschek
Satz: Publikations Atelier, Dreieich
Herstellung: Sarah Veith
Druck und Bindung: Beltz Grafische Betriebe, Bad Langensalza
Beltz Grafische Betriebe ist ein Unternehmen mit finanziellem Klimabeitrag (ID 15985-2104-1001)
Printed in Germany

Weitere Informationen zu unseren Autor_innen und Titeln finden Sie unter: www.beltz.de

Inhalt

»Jedes einzelne Gefühl verwandelt die ganze Welt«

Dieser Satz des Philosophen Jean-Paul Sartre (Sartre 1939) beschreibt treffend die Bedeutung der Gefühle für unser Leben und den Lauf der Welt. Gefühle entfalten ihre Wirksamkeit keineswegs nur bei Streit oder Katastrophen, sind nicht nur verantwortlich für heiße Liebe oder tiefes Unglück. Gefühle bestimmen den Alltag – viel mehr, als die meisten Menschen vermuten. Wenn wir fragen: »Wie wäre das Leben ohne Gefühle?«, dann antworten einige: »Langweilig und kalt.« Selbst die Vorstellung einer Welt ohne Gefühle beschrieben diese Menschen mit emotionalen Begriffen. In einer Welt ohne Gefühle würden wir keine Langeweile mehr empfinden und Kälte nur als Veränderung auf der Temperaturskala spüren, nicht aber als Atmosphäre oder Beziehungsqualität. Andere Menschen stellen sich eine Welt ohne Gefühle als »vernünftig und klar und störungsfrei strukturiert« vor. Sie irren. Eine Welt ohne Gefühle wäre voller Störungen, weil es eine Welt mit alltäglichem Mord und Totschlag wäre, da es ohne Gefühle keine Moral gibt, wie wir sehen werden. In einer Welt ohne Gefühle gäbe es keine Sehnsucht, die neue Fragen stellt und zu Erkundungen bewegt. Das Fehlen der Gefühle würde obendrein verhindern, dass der größte Teil unserer Entscheidungen überhaupt getroffen werden könnte. Nicht die Vernunft würde herrschen, sondern die niedersten Instinkte. Nicht die Rationalität würde unser Leben bestimmen, sondern das Fressen oder Gefressenwerden. Ohne Gefühle kein Shakespeare oder Picasso, aber auch kein Kolumbus und kein Einstein.

Dafür, dass Gefühle so umfassend unser Leben und vor allem unser Zusammenleben bestimmen, haben sich die Wissenschaften nur relativ wenig mit ihnen beschäftigt. Wer heute etwas über Gefühle wissen möchte, greift eher zu einem Gedicht oder Roman, schaut sich einen Film an oder hört Musik, als dass er oder sie zu einem wissenschaftlichen Werk greift. Zu sperrig sind die Gefühle für die meisten wissenschaftlichen Verfahren, zu wenig messbar und vergleichbar. Und doch gibt es wissenschaftliche Methoden, mit denen die Welt der Gefühle beschrieben und kartografiert werden kann, und gibt es wissenschaftliche Erkenntnisse, die zum Verständnis der Gefühle wichtig und notwendig sind. Diese wollen wir ernst nehmen und berücksichtigen.

In diesem Buch unternehmen wir den Versuch, die Sprache der Gefühle insgesamt zu untersuchen und zu beschreiben. Die Sprache ist darüber hinaus ein uns passend erscheinender Vergleich für die Gefühlswelt. Eine Sprache kennen, ebenso wie die Gefühle, alle Menschen, ohne sie studiert zu haben. Wir Menschen wachsen gewissermaßen in die Sprache hinein, eignen sie uns an, die einen mehr, die anderen weniger. Sie ist Teil unseres Alltagslebens, so wie es die Gefühle auch sind. Eine Sprache ist vielfältig und lebendig, sie wächst und entwickelt sich. Sowohl der Sprache als auch der Gefühlswelt eines jeden Menschen wohnt ein schier unerschöpfliches Potenzial an Lebendigkeit inne, aber ebenso in erschreckendem Ausmaß eines der Verkümmerung und Erstarrung. Jeder Mensch hat seine sprachlichen Eigenheiten, so wie auch das Gefühlsleben eines jeden Menschen voller Besonderheiten ist.

Wer sich mit einer Sprache beschäftigt, wird den Wortsinn ergründen bzw. Vokabeln lernen und die Grammatik studieren. Wir werden in diesem Buch dem Vergleich des Gefühlslebens mit der Sprache folgen und ein Wörterbuch, das Abc der Gefühle, vorlegen und eine Grammatik der Gefühle formulieren. Der erste Teil, das Abc der Gefühle, enthält jeweils kurze Beschreibungen einzelner Gefühle und verwandter emotionaler Regungen. Diese Beschreibungen sind notgedrungen knappe Zusammenfassungen, die einzelne Aspekte betonen und andere weglassen (müssen). Wer sich für eine differenzierte Betrachtung der jeweiligen Gefühle interessiert, dem seien die Bände unserer *Bibliothek der Gefühle* empfohlen.

Wir sind im Abc der Gefühle der Vorstellung gefolgt, jedes Gefühl sei ein individuelles Wesen, das wir befragen. Die erste Frage heißt: *Wer bist du?* Dabei interessieren uns besonders die eher »versteckten« Seiten des jeweiligen Gefühls, die den meisten Menschen nicht sehr vertraut sind. Zweitens fragen wir: *Wofür bist du gut?* Wir erkundigen uns also nach dem Nutzen und dem Sinn des jeweiligen Gefühls für die Menschen. Und als dritte Frage formulieren wir: *Wovor hast du Angst?* Wir wollen wissen, was das jeweilige Gefühl dazu bringt, zu verblassen oder gar ganz zu verschwinden.

Wenn wir die jeweiligen Gefühle derart befragen, personalisieren wir sie. Wir wollen damit auf keinen Fall den Eindruck erwecken, als wären Gefühle selbstständig handelnde Teile unserer Person. Gefühle sind nie von den anderen, vor allem den körperlichen und sozialen Aspekten des Lebens und Erlebens zu trennen, wie wir in Kapitel 1 und 2 des 2. Teiles über die »Grammatik der Gefühle« ausführen. Verselbstständigen sich Gefühle, als würden sie nicht zu uns gehören, ist dies problematisch und oft Teil des Leidens. Wenn wir also die Gefühle im ersten Teil wie Personen behandeln und befragen, ist dies keine Aussage über das Wesen der Gefühle, sondern ein stilistisches Mittel, um Besonderheiten der jeweiligen Gefühle darzustellen.

Sie werden beim Abc einigen Begriffen begegnen, die Sie vielleicht bislang nicht als Gefühle bezeichnet haben. Vielleicht handelt es sich um Stimmungen oder Befindlichkeiten, also emotionale Regungen, deren Zusammenhang mit und deren Unterschiedlichkeit zu Gefühlen wir in Teil II beschreiben. Vielleicht sind dies eher seltener beachtete Gefühle wie die Sorge oder das Gefühl, verraten worden zu sein. Doch auch solche Gefühle sind uns gerade wichtig. Andererseits werden

Sie wahrscheinlich das eine oder andere Gefühl vermissen, das für Sie wichtig sein mag. Wir haben die Zahl der beschriebenen Gefühle beschränken müssen, um den Rahmen dieses Buches nicht zu sprengen. Unsere Auswahl ist subjektiv und sehr davon geprägt, welche Gefühle für uns selbst und für die Menschen, mit denen wir therapeutisch arbeiten, am bedeutsamsten sind.

Wie gesagt, die Antworten auf unsere Fragen an die Gefühle sind knapp gehalten und das Abc der Gefühle erhebt keinerlei Anspruch auf Vollständigkeit. Wenn wir in einem Lexikon schmökern, erhalten wir Einblicke und Anregungen. Das, so wünschen wir, soll auch dieses Abc der Gefühle leisten.

Der zweite Teil, eine Grammatik der Gefühle, beschreibt Regeln und Strukturen des Verhaltens von Gefühlen und ihrer Beziehungen untereinander. Einige solcher Strukturen und Verbindungen haben wir in den Bänden der *Bibliothek der Gefühle* am konkreten Beispiel schon ansatzweise verdeutlicht. Hier wollen wir sie zusammenfassen und erweitern, mit der Absicht, das Verständnis der menschlichen Gefühlswelt zu vertiefen. Sie werden sich vielleicht, wenn Sie eine Fremdsprache gelernt haben, erinnern, dass es regelmäßige und unregelmäßige Verben und keine grammatikalische Regel ohne Ausnahme gibt. So verhält es sich auch mit der Grammatik der Gefühle: Keine Regel ohne Ausnahme. Hier geht es nicht um streng formale Logik, sondern um die inneren Strukturen des Gefühlslebens, die wir kennen und benutzen, ohne sie gelernt zu haben. Haben wir sie aber begriffen, können wir uns aktiver und bewusster mit und in unserem Gefühlsleben und damit im Zusammenleben mit anderen Menschen bewegen.

Wir wollen mit unserem Buch keinesfalls die Bedeutung der Vernunft geringschätzen oder gar abwerten. Wir wollen die Bedeutung und das Verständnis der Gefühle aufwerten und einen Beitrag leisten, dass Sie Ihre Gefühle und die anderer als Teil Ihres Lebens und Erlebens annehmen und wertschätzen. Und wir wünschen uns, dass Sie vielleicht den einen oder anderen Perspektivwechsel in der Betrachtung von Gefühlen wagen.

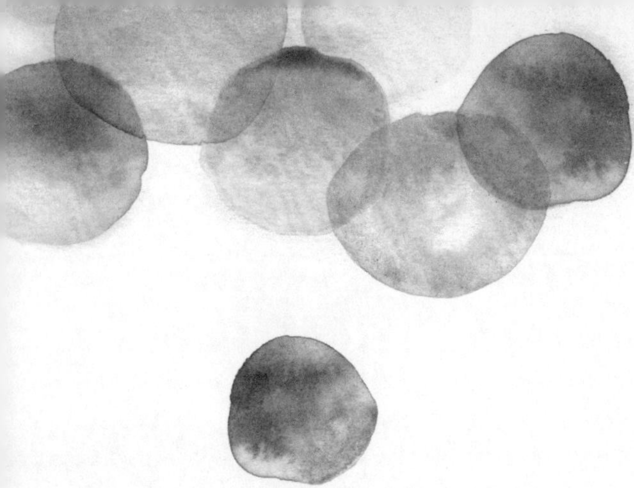

Das Abc der *Gefühle*

Angst

Ich krieche durch die Ritzen und bleibe in den Kleidern hängen, ich verflache das Atmen und verenge den Platz eines Menschen in der Welt. Vor mir, der Angst, haben viele Menschen Angst.

Dabei bin ich doch so nützlich. Ich passe auf, dass Susanne nicht an die heiße Herdplatte fasst und Peter nicht die Steckdose auseinandernimmt. Ich sorge dafür, dass Frau Müller bei Rot an der Ampel hält und Herr Bauer Versicherungen abschließt. Ich verhindere, dass Menschen bei Sturm ins Meer gehen oder bei Blitzschlägen über die Wiese laufen. Wäre ich nicht, gäbe es viel mehr Unglück auf dieser Welt.

Vielleicht hängt mein schlechter Ruf damit zusammen, dass immer, wenn man mich spürt, auch das Unglück präsent wird, das ich gerade verhindern will. Die Angst vor dem Autounfall wird begleitet von Bildern eines solchen Unfalls, obwohl ich ihn gerade verhindern möchte. Also muss ich wohl damit leben, dass ich einen schlechten Beigeschmack verursache. Jeder braucht mich, doch niemand liebt mich.

Manchmal werde ich geradezu dazu angestiftet, meine Bedrohlichkeit aufzublähen oder mich als fantastisch-böse Gestalt zu verkleiden. Erwachsene engagieren mich in dieser Rolle gerne für ihre Kinder, um sie dazu zu erziehen, bestimmte Dinge zu tun oder zu lassen. Kein Wunder, wenn mich dann die Kinder nicht lieben und als Erwachsene meistens nur Verachtung für mich übrig haben.

Auch wenn ich nur als Verhinderin gesehen werde, als ein Gefühl, das dafür sorgt, das Schlimmes nicht eintritt, so kann ich doch auch damit Berge bewegen. Nicht nur die Chinesische Mauer, auch all die Deiche in dieser Welt, alle Krankenhäuser, die meisten Rechtsanwälte, die Gefängnisse, die Regenschirme und vieles andere mehr zeugen von der Produktivität, die in der Angst vor Schutzlosigkeit steckt.

Normalerweise bin ich eine umgängliche Gesellin. Ich komme, wenn ich vonnöten bin, und gehe wieder, wenn ich meine Arbeit getan habe. Doch manchmal stecke ich fest. Vielleicht wurde ein Mensch so existenziell von einer Bedrohung erschüttert, dass er meint, mich immer und überall zu brauchen. Vielleicht lebt oder lebte ein Mensch in einer Umgebung, die so voll mit mir war, dass er gar nicht mehr weiß, ob ich zu ihm gehöre oder zu anderen. Manchmal überfalle ich auch Menschen, ganz plötzlich mitten in der Nacht oder bei einer harmlosen Tätigkeit. Das mache ich dann, wenn ich lange im Verborgenen in diesem Menschen schlummere (übrigens auch bei all denen, die angeblich vor nichts Angst haben …) oder eingesperrt bin und sich dann ein Türchen öffnet, durch das ich ausbrechen kann.

Auch ich, die Angst, habe Angst. Ich fürchte mich vor Trost und Mitgefühl, weil sie an mir zehren. Ich scheue das Licht – wenn ich entdeckt, ausgesprochen, erkannt und anderen mitgeteilt werde, muss ich heraus aus den Verstecken, in denen ich mich so behaglich eingerichtet habe und so ungestört wachsen konnte. Auch wenn Menschen für sich und mit anderen aktiv werden, Sport treiben oder tanzen, musizieren oder Blumen pflanzen, entzieht mir das nicht immer, aber sehr oft die Kraft. Vor der Liebe fürchte ich mich, sie kann mich umbringen.

Ärger

Ich bin das Signal, das anzeigt, dass einem Menschen etwas nicht passt. Wenn etwas nicht gut für jemanden ist, dann kann er es übersehen und wird darunter leiden. Deswegen gibt es mich: Ich passe auf, dass er es nicht übersieht.

Wenn der Mensch sich dann ärgert, gibt es zwei Möglichkeiten. Entweder nimmt er mich heimlich auf und versteckt mich vor der Umwelt. Vielleicht macht er das, weil er sich meiner schämt oder cool »über allem« stehen will. Schön ist das nicht für mich. Wer will schon versteckt und der Öffentlichkeit vorenthalten werden? Ich räche mich, indem ich mich einniste und diesen Menschen dauerhaft bewohne, vor allem seinen Magen und sein Herz. Ha, und ganz stolz auf mich bin ich, wenn es mir gelingt, ihn richtig »zu wurmen«!

Die andere Möglichkeit ist, dass der Mensch mich zeigt. Damit wird er mich los. Job erfüllt, ab zum nächsten. Welche Konsequenz der Mensch aus dem Anlass meines Kommens in seinem Verhalten zieht, ist mir erst einmal egal. Ich bin das Warnsignal, den Rest muss der Mensch dann erledigen. Ich kann ja nicht alles machen.

Andere Menschen haben Angst, dass sie schief angesehen werden, wenn sie ihren Ärger zeigen. Dabei muss ich bei den Ärger-Schluckern und Ärger-Vermeidern immer wieder auftauchen, denn diese Leute werden von den anderen am meisten geärgert. Mit denen kann man es ja machen!

Ganz schlechte Erfahrungen habe ich auch damit, dass ich geparkt werde. Da komme ich zum Beispiel zu einer Frau, die sich über ihre Mutter ärgert, weil diese irgendetwas gegen ihren Willen entschieden hat. Sie traut sich aber nicht, mich ihr zu zeigen, sondern will erst den »richtigen Moment« abwarten. Sie glauben gar nicht, wie lange, wie viele Monate, ja Jahre ich auf diesen »richtigen Moment« warte! Solch ein Parkzustand ist öde und langweilig und manchmal auch ungerecht und gemein mir gegenüber. Ich versuche dann, den Menschen daran zu erinnern, dass es mich gibt, und klopfe schmerzend an die Umgebung des Körperteils, wo ich geparkt bin. Manchmal hilft das, oft sind die Menschen aber zu begriffsstutzig und bekämpfen die Schmerzen lieber mit Tabletten, als mich, die eigentliche Ursache, zu befreien.

Man braucht mich nur ernst zu nehmen und schon wird man mich los. Deswegen verstehe ich auch nicht, warum manche Leute sich so fürchten, mich rauszulassen, und befürchten, dass ich mich dann dauerhaft bei ihnen einrichte. Das mache ich doch nur aus Trotz, wenn ich nicht ernst genommen werde.

Wenn ich so lange geparkt, heruntergeschluckt (was man alles mit mir anstellt!) oder sonst wie zurückgehalten werde, dann wachse ich in der Fantasie der Menschen und werde zu einem großen Ungeheuer. Sie glauben dann, wenn ich mich mal zeige, würde ich sie und die Umgebung verschlingen. Das ist Quatsch und nur Ausdruck dessen, dass sie gar nicht mehr wissen, wie ich aussehe und mich anfühle. Ich empfehle dann das Training des »kleinen Ärgers«: damit anfangen, mich bei Kleinigkeiten zu zeigen, und dann langsam steigern …

Über meine Ängste habe ich schon gesprochen. Ich fürchte mich, nicht ernst genommen zu werden, auf versteckten Parkplätzen zu versauern, verstoßen und übersehen zu werden. Ein bisschen Respekt braucht doch jedes Gefühl, auch ich, nicht wahr?

Begeisterung

Im Unterschied zu meinen geschwätzigen Gefühlskolleginnen und -kollegen werde ich mich kurzfassen. Ich bin die Fortsetzung der Freude mit intensiveren Mitteln, ihre Steigerung.

Voller Kraft. Ich kann Berge versetzen – und das ist keine Übertreibung. Ich fühle mich der Leidenschaft sehr schwesterlich verbunden, auch wenn ich heller, heiterer bin.

Etwas zu bewirken, Dinge und Verhältnisse zu verändern ist wahrscheinlich mein Daseinszweck. Obwohl ich diese Arbeit nicht nötig habe. Ich kann verändern, muss aber nicht. Wenn ich als Begeisterung Menschen erfülle, dann reicht das manchmal und steht für sich. Ich tu ihnen gut. Den Leuten um sie herum gehe ich gelegentlich auf die Nerven, aber was soll's, ich bin nur den Begeisterten und Begeisterungsfähigen verpflichtet.

Es gibt ja auch Menschen, die mich nicht produzieren oder einlassen können. Sie tragen ein Schild vor sich her: »Der Einwurf von Werbung für Begeisterung und ihre Verbreitung sind verboten!« Die Existenz solcher Schilder respektiere ich, muss ich respektieren, denn einen Zutritt zu erzwingen widerspricht meiner Natur. Warum solche Menschen mich nicht wollen, weiß ich nicht. Vielleicht bin ich für sie zu gefährlich und könnte ihr Leben umkrempeln, vielleicht bin ich ihnen schon immer verboten worden – keine Ahnung, da müssen Sie schon diese Leute fragen. Ich geh nur dahin, wo ich erwünscht bin, dann aber richtig …

Bitterkeit

Über mich redet man nicht, mich lebt man. Ich bin ein Mauerblümchen, aber ich blühe. Selten trete ich als konkretes Gefühl auf, und wenn, dann bin ich dem bitteren Geschmack ähnlich. Meistens bin ich ein Befinden, das allen anderen Gefühlen einen Beigeschmack verleiht, einen bitteren selbstverständlich.

Ich bin für nichts gut. Höchstens als Erinnerung für Versäumtes. Denn aus versäumtem, verpasstem, vermiedenem Leben erwachse ich, solches Leben ist der Nährboden meiner Existenz. Wenn Menschen nicht nach den Früchten des Lebens zu greifen wagen, wenn sie in ihrer Liebe gescheitert sind und aufgegeben haben, wenn sie nicht mehr zu hoffen und an nichts mehr zu glauben wagen, wenn sie ihre aggressiven Gefühle nicht gegen die richten, die ihnen schaden oder sie verletzen, dann blühe und gedeihe ich. Je länger ich existiere, desto mehr breite ich mich aus und desto tiefere Wurzeln wachsen mir.

Angst habe ich vor allem vor der Freude und dem Mut. Wenn Menschen den Mut haben, ihr Scheitern einzugestehen, wenn sie ihre Niederlagen akzeptieren, wenn sie (wieder) lernen und zulassen, sich zu freuen, dann welke ich dahin.

Ehrgefühl

Ich bin viele, so viele, dass ich hier eigentlich viel mehr Platz brauche. Man könnte mich fast als multiple Persönlichkeit bezeichnen. Die drei wichtigsten Gefühlspersönlichkeiten will ich kurz vorstellen.

Wenn ich als Ehrgefühl einem Menschen innewohne, wirke ich als innerer Maßstab für sein Verhalten. »Ich möchte mich selbst im Spiegel anschauen können«, sagen dann die Menschen mit Ehrgefühl und handeln entsprechend. Hier bin ich ein Maßstab für die Würde eines Menschen, der dank mir so handeln kann, dass er seine innere Würde behält. In der Regel bin ich nicht dogmatisch und lasse als Ehrgefühl auch den einen oder anderen Schritt daneben zu, zum Beispiel die eine oder andere Notlüge. Manchmal werde ich aber zur einzigen Messlatte, zum einzigen Wertmaßstab eines Menschen und dabei so starr, dass der Mensch gar nicht mehr in der Lage ist, sich flexibel auf unterschiedliche Menschen und Situationen einzustellen. Der Weg zum Michael Kohlhaas, von der Dickköpfigkeit zur selbstzerstörerischen Halsstarrigkeit, ist dann nicht mehr weit.

Ich kann aber auch einem Menschen innewohnen und zum Maßstab dafür werden, wie sich Menschen untereinander zu verhalten haben. Für einen älteren Menschen einen Sitzplatz freizumachen oder jemanden zu grüßen sind vertraute Ausdrucksformen für solches Verhalten. Hier reguliere ich weniger das Erleben oder Verhalten des einzelnen Menschen, sondern eher soziale Bezüge und werde zur gesellschaftlichen Norm. Dabei gibt es große kulturelle Unterschiede. Wird in manchen Kulturen das Ehrgefühl massiv verletzt, wenn ein Mann, der nicht zur Familie gehört, einer Frau beim Essen zusieht, ist dies in anderen kulturellen Bezügen selbstverständlich.

Als dritte Gefühlspersönlichkeit besuche ich Menschen, die von anderen geehrt werden und sich geehrt fühlen. Dies ist mein liebster und befriedigendster Job. (Manchmal sagt man dann auch »Stolz« zu mir.) Hier merke ich, wie sehr die Menschen mich brauchen. Geehrt zu werden ist Nahrung. In der letzten Zeit werde ich immer häufiger »eingespart«, ich fürchte, dass sich diese Entwicklung fortsetzt.

Gar nicht reden möchte ich von all den Gegebenheiten, ich denen ich brutal benutzt worden bin und oft noch werde. Da werden meinetwegen Duelle ausgefochten oder gar mit mir Kriege begründet. Menschen werden ermordet (ich hasse das Wort »Ehrenmord«!) oder in den Selbstmord getrieben. Glauben Sie mir, all dieses Wortgeklingel um die Ehre hat mit mir nichts zu tun. Das sind allenfalls Randpersönlichkeiten, die mir von außen aufgezwungen wurden und die ich mit mir herumschleppen muss. Wer mich in meiner ursprünglichen Bedeutung ernst nimmt, als Maßstab innerer Würde und eines würdigenden Umgangs untereinander sowie als Gefühl, geehrt zu werden, der hat solche zerstörerischen Karikaturen von »Ehrgefühl« nicht nötig.

Eifersucht

Wenn ich mal Werbung für mich machen darf: Ich bin das Gefühl mit Doppel-Ich. Da staunen Sie, das haben Sie nicht erwartet. Ich werde nämlich sowohl von Menschen mit einem starken Ich angezogen als auch von denen mit einem besonders schwachen Ich.

Das will ich Ihnen gern genauer erklären, damit Sie nicht glauben, ich würde mich nur ereifern oder wäre eine Sucht. Wer ein starkes Ich hat, geht auch starke Bindungen zu anderen Menschen ein. Werden diese Bindungen durch Dritte oder durch das Verhalten gegenüber Dritten gefährdet, dann komme ich. Als Eifersucht schreite ich ein und unterstütze den eifersüchtigen Menschen darin, die Bindung und Verbindung zu verteidigen. Das ist Ausdruck eines starken Ichs. Das ist Ausdruck einer Haltung, die die Beziehung zu einer geschätzten oder geliebten Person verteidigt.

Wenn Menschen verkünden, sie bräuchten mich nicht, sie stünden »über der Eifersucht«, dann ist das manchmal ein Pfeifen im Walde und Ausdruck von Beziehungshilflosigkeit. Oft höre ich darin auch den gut gemeinten Versuch, unterschiedliche Bedürfnisse gegenüber verschiedenen Menschen zu vereinen. Ich warte dann ab und bereite mich auf meinen Einsatz vor. Meistens brauche ich nicht lange zu warten …

Menschen, deren Ich schwach, unsicher, brüchig ist, sind sich ihrer Beziehungen ebenfalls unsicher. Also werde ich auch von ihnen gerufen. Da muss ich ständig vorbeikommen, oft wird mir sogar ein Gästezimmer zugewiesen. Hinter dem Ruf nach mir, der Eifersucht, steckt oft die Unsicherheit: »Habe ich überhaupt ein Recht, geliebt zu werden?« Oder: »Wer bin ich denn, dass ich geliebt werde?« Wer so an sich zweifelt, muss fast zwangsläufig misstrauisch sein und glauben, die Liebe des Partners oder der Partnerin, der Eltern oder anderer wichtiger Bezugspersonen könne doch gar nicht wahrhaftig sein, sei nur Tarnung und »eigentlich« würden andere mehr geliebt.

Also trete ich auf, oft zwanghaft eifernd und wie eine Sucht wirkend. Wenn dann versucht wird, mich mit guten Worten, mit Argumenten oder anderen Maßnahmen zu vertreiben, dann lache ich nur darüber. Eine Eifersucht lässt sich doch nicht von Argumenten vertreiben! Wer das von mir denkt, macht sich lächerlich.

Vertreiben lasse ich mich nur, wenn Menschen sich mit den Beweggründen beschäftigen, die sie mich rufen ließen: mit ihrem brüchigen Selbstwertgefühl, mit der inneren Haltung, nicht zu genügen oder »falsch« zu sein, mit ihrem fehlenden Mut, sich anderen zuzumuten.

Eigensinn

»Sei doch nicht so eigensinnig!«, so werden Menschen oft beschimpft, die mich spüren und entsprechend handeln. Deswegen werde ich von vielen auch nicht als Gefühl angesehen, sondern als Ärgernis wie Mundgeruch oder Fußpilz. Ich freue mich, dass ich hier die Gelegenheit bekomme, dem etwas entgegenzusetzen.

Die Wahrheit ist, dass ich das Gefühl bin, das den Sinn für das Eigene eines Menschen mobilisiert und stärkt. Nicht mehr und nicht weniger. Die eigenen Interessen ernst nehmen und nicht ignorieren, die eigenen Bedürfnisse respektieren und nicht leugnen – was soll daran schlimm sein? Den Eigensinn zu unterdrücken, daran haben ideologische und totalitäre Obrigkeiten Interesse oder Menschen, die neben ihrer eigenen Unsicherheit keine Stärke zulassen wollen oder können. Wer die Einzigartigkeit jedes Menschen würdigt, muss auch mich, den Eigensinn, respektieren. Ich bin der Boden für die Würde. Ohne Eigensinn keine Würde.

Viele Menschen glauben, wenn jemand eigensinnig sei, dann gehe das auf Kosten anderer. Das ist ein Irrtum und eine Verwechslung mit dem Egoismus. Dieser erhöht das Ich über andere. Der Egoismus braucht andere, die niedriger und schwächer sind. Ich liebe die gleiche Augenhöhe. Menschen, die mich achten, machen immer die Erfahrung, dass sie mit anderen besser auskommen, als wenn sie mich leugnen und sich kleiner machen oder nur den Erwartungen anderer entsprechend handeln. Sicherlich kann es Streit geben, na und? Wer sich das Recht auf den Sinn für das Eigene einräumt, räumt in der Regel das auch anderen ein. Dann wird eben manchmal ein Konflikt ausgetragen oder dann merken manchmal Menschen, dass sie nicht zueinander passen. Das mag aufregend oder schmerzlich sein, aber immer noch besser als unlebendig, oder? Dann gibt es bestimmt andere, die den Eigensinn respektieren und denen man in Würde begegnen kann. Deshalb freue ich mich über jeden Menschen, der mich lobt und lebt.

Viele haben versucht, mich zu unterdrücken, und ich verhehle nicht, dass ich davor Angst habe. Unglaublich viel Gewalt wurde gegen mich angewendet und manche Menschen sind daran zerbrochen und verleugnen mich seitdem. Doch für die meisten gilt: Ich bin wie wild wachsende Blumen im Rasen – ich komme immer wieder! Und ob man mich begrüßt und wachsen lässt oder wegmäht und stutzt, kommt auf die Einstellung der Gärtner/innen an.

Einsamkeit

Um es gleich klarzustellen: Verwechseln Sie mich nicht mit dem Alleinsein. Wer allein ist, kann sich einsam fühlen, kann aber auch gelassen, glücklich oder traurig sein. Ich bin ein Gefühl, das Ausdruck des Alleinseins sein kann, aber nicht muss. Wer inmitten von 10 000 Menschen steht, die ein Fußballspiel oder ein Konzert besuchen, ist nicht allein, kann sich aber viel einsamer fühlen, als wenn er allein wäre.

Ich bin als Einsamkeit sehr populär und mit vielen Menschen verbunden, ganz gleich, ob sie allein leben, verheiratet sind, viele Geschwister oder keine haben. Ich bestimme das

Gefühlsleben auch von Kindern oder alten Menschen, ich mache vor niemandem Halt.

Ich fürchte nur eines: die Resonanz. Wenn einsame Menschen andere finden, die mit ihnen mitschwingen, vor allem emotional mitschwingen, dann habe ich verloren und räume meinen Platz. Ob die Resonanz im gemeinsamen Trauern oder im Mitgefühl, im solidarischen Ärgern oder in der Liebe mündet, ist egal. Ich habe nur dort Spielräume, wo dieses Mitschwingen nicht gelingt oder erstorben ist oder wo Menschen mit anderen zusammenleben, die nicht mitschwingen wollen oder können. Kindern können ihre Eltern nicht umtauschen, sie können höchstens Freund/innen oder andere Erwachsene finden, die sie verstehen und mit denen sie Gefühle teilen. Erwachsene können Partner/innen umtauschen, doch viele trauen sich nicht. Ist mir nur recht. Ich richte mich in vielen Menschen behaglich und dauerhaft ein, die in Beziehungen leben.

Gut bekommt mir auch das diffuse Sehnen. Solange einsame Menschen es dabei belassen, von einem anderen Leben zu träumen, und sich eine eigene Traumwelt schaffen (oder in vorgegebene Traumwelten von »Krieg der Sterne« bis Rosamunde Pilcher flüchten), bleibe ich ungefährdet. Das sichert ihr psychisches Überleben und bedroht mein Überleben nicht. Gefährlich wird es erst, wenn der dicke Brocken Sehnsucht in kleine, überschaubare Hoffnungen zerteilt wird, aus denen konkrete Schritte folgen, Menschen zu suchen, mit denen Resonanz möglich ist.

Ekel

Hallo, ich bin der Kotzbrocken. Ich bin das mit Abstand unbeliebteste Gefühl. Gäbe es eine Liga der Gefühle, würde ich in jeder Saison absteigen – aber sofort immer wieder aufsteigen. Denn als Ekelgefühl bin ich einer der wichtigsten Schutzimpulse der Menschen. Ich sorge nämlich dafür, dass Giftiges und Unbekömmliches wieder ausgeschieden werden. Und ich bin die emotionale Erinnerung an emotional und geistig Giftiges und Unbekömmliches und sorge dafür, dass das nicht wieder einverleibt und zu sich genommen wird. Die Ekelreaktionen, die ich hervorrufe, bestehen darin, dass sich die Menschen von dem »Ekligen« abwenden. Sie nehmen es nicht zu sich und suchen Abstand. Wenn Menschen vor mir fliehen, weil sie mich als unerträglich erleben, dann wenden sie sich von dem ab, was für sie unerträglich ist. Das ist meine Aufgabe. Damit ertrage ich auch, dass mich niemand liebt (außer denjenigen, die mich neben der Rohheit als Ersatz für andere Gefühle oder für das Fühlen überhaupt »eingetauscht« haben).

Manches, was Menschen für eklig halten, steht von Geburt an fest: bestimmte Gerüche, Spinnen usw., zumindest bei vielen Menschen. Das meiste wird durch Erfahrungen »erworben«. Dazu können bestimmte Arten von Menschen gehören oder Atmosphären, Gerüche, die mit Erfahrungen von Grenzverletzungen verbunden sind, und vieles andere mehr. Chronisch werde ich, wenn Menschen das Ekelerregende nicht mehr als von außen kommend erleben, sondern mich gegen sich selbst richten und sich vor sich selbst bzw. ihrem Körper ekeln. Also bekämpfen sie sich selbst bzw. ihren Körper als Auslöser des Ekels: durch Extremsport, durch Alkohol, durch Ess-Störungen. Ich werde dann zu ihrem Dauergast, weil sie diesen Kampf nie gewinnen können. Dazu bin ich zu stark, kenne mich zu gut aus darin, subversiv zu sein.

Kaum bekannt ist, dass ich eine Rückseite habe. Diese Rückseite enthält all die biografischen Erfahrungen, die für Menschen unaushaltbar waren und die sie nicht losgeworden sind. Beschämung und andere Missachtungen, sexueller Missbrauch und andere Grenzverletzungen sowie sehr viele Gefühle von Schuld, Schuld, Schuld. Wenn Menschen sich mit dieser Rückseite beschäftigen, dann machen sie mich in meiner chronischen Erscheinungsform oft überflüssig. Weil sie mich dann nicht mehr bzw. nur noch für aktuelle Anlässe brauchen, um sich vor Unbekömmlichem und Unerträglichem zu schützen. Deswegen fürchte ich das. Doch um an meine Rückseite zu gelangen, müssen sie erst einmal in meine Nähe. Das trauen sich nicht so viele, da kann ich beruhigt sein.

Erschrecken/Schrecken

Ich, das Erschrecken, erscheine plötzlich, bin mit der Überraschung verheiratet. Ich überfalle einen Menschen. Wenn ich ihn erschrecke, will ich ihn warnen. Das ist mein Nutzen. Wenn jemand beim Autofahren dahindämmert, sorge ich dafür, dass er mit einem Erschrecken aufwacht, aufschreckt. Was die Hupe im Straßenverkehr ist, bin ich im Gefühlsleben: Warnsignal. Immer mit einem Ausrufezeichen!

Dafür verdiene ich eigentlich das Bundesverdienstkreuz. Doch habe ich noch nie eines bekommen, sondern habe eher einen schlechten Ruf. Wahrscheinlich, weil ich so oft mit meinem Bruder, dem Schrecken, verwechselt werde. Oder weil viele Menschen sofort ein schlechtes Gewissen bekommen, wenn sie erschrecken. Sie meinen, etwas falsch gemacht zu haben, und sorgen sich um die Folgen. Oder sie haben so viele, so intensive schlimme Erfahrungen gemacht, dass zum Beispiel beim kleinsten Geräusch, bei der kleinsten Berührung sie die Erinnerungen daran überfallen und sie erschrecken. Wahrscheinlich sind auch die körperlichen Begleitumstände, wenn ich auftrete, nicht sonderlich berauschend: Ich sorge dafür, dass der Atem angehalten wird, die Muskeln angespannt und alle Energien für die Reaktion auf eine drohende Gefahr mobilisiert werden. Sehr nützlich, aber nicht besonders lustvoll. Nun ja, damit muss ich leben.

Angst habe ich vor gar nichts. Ich bin eigentlich bei fast allen Menschen immer wieder zu Gast. Die wenigen, die nicht erschrecken, leben nicht lange …

Ich, der Schrecken, trete auf, wenn mein kleiner Bruder, das Erschrecken, versagt. Er sorgt dafür, dass Menschen achtsam sind und sich einer drohenden Gefahr stellen. Wenn ihnen das nicht gelingt, wenn sie dieser Gefahr nicht ausweichen oder sie nicht abwehren können, dann trete ich auf.

Anders als mein Bruder gebe ich nicht nur kurze Gastspiele. Nein, ich bleibe länger, manchmal lebenslang. Ich fahre in alle Glieder, breite mich in Körper und Seele eines Menschen aus. Da ich länger bleibe, fresse ich seine Energiereserven. Er ist mir erlegen.

Wenn ich mich einmal in einem Menschen ausgebreitet habe, dann kann ich schneller und leichter wiederkommen als beim ersten Mal. Ich arbeite dabei gerne mit der Panik zusammen. Jeder Besuch von mir bzw. ihr verbreitert die Schneisen fürs Hereinkommen. Oft hinterlasse ich eine erhöhte Wachsamkeit, eine erhöhte Anspannung, ein ständiges »Auf-der-Hut-Sein«, die meine Wiederkehr verhindern soll, sie aber im Gegenteil erleichtert, weil ich dadurch stärker bin.

Wenn ich als Schrecken Menschen erfasst habe, dann können sie mich nur loswerden, wenn das, was sie bedroht, verschwindet oder sie sich dem entziehen. Wenn sie das allein nicht können, brauchen sie Hilfe. Sonst komme ich immer wieder, sonst muss ich immer wieder kommen. Das ist mein Daseinszweck.

Menschen, die nicht bedroht werden, besuche ich nicht. Warum auch, da sind andere Gefühle zu Hause. Oft trete ich aber in Aktion, wenn es halb bewältigte Situationen gibt. Die unmittelbare Bedrohung ist vorbei, aber Schutz, Halt und Trost sind noch nicht genügend vorhanden, geben dem Menschen noch nicht genügend Sicherheit, um mir die Stirn zu bieten. Dann nutze ich die Gelegenheit, als ständig wiederkehrender Gast einzukehren, um mich schließlich dauerhaft einzunisten. Die Menschen versuchen dann oft, sich abzulenken und mich zu ignorieren. Das gelingt ihnen zwar immer mal wieder eine Zeit lang, aber ich bin schlau und zäh und komme auch durch die Hintertür wieder hinein. Besonders gern nachts im Schlaf, wenn die Schließanlagen abgeschaltet sind und Ablenkungen nicht funktionieren.

Viel mehr als vor Ablenkungen fürchte ich mich vor Gesprächen über die Bedrohungen, die mich zum ersten Mal herbeigeholt haben, und vor Trost, Mitgefühl und Fürsorge. Wenn Menschen so viel Halt bekommen, dass sie sich und ihr Leben nicht mehr von mir bestimmen lassen, mir die Macht nehmen und sich aufrichten, dann mache ich einen Bogen um sie. Manchmal gelingt es mir doch noch, sie zu überfallen. Aber das macht mir dann keinen Spaß mehr und deshalb lasse ich es allmählich.

Falschsein

Wenn Kinder (und natürlich auch Erwachsene) etwas falsch machen, dann ist das nicht angenehm, aber sie kommen darüber hinweg. Manche ignorieren es, andere schämen sich oder fühlen sich schuldig, wieder andere ärgern sich. Mit dem Falschmachen habe ich nichts zu tun, außer, dass das mal ein Vorgänger von mir war. Ich bin das Falschsein. Ich mache nichts falsch, ich sorge dafür, dass der Mensch mit jeder Faser seiner Existenz weiß: »Ich bin falsch« – mit seiner ganzen Person, in seiner vollen Lebendigkeit.

Vielleicht bin ich daraus entstanden, dass man dem Menschen gesagt hat, er mache immer alles falsch, und daraus wurde dann seine Gewissheit: »Ich bin falsch!« Vielleicht war er ein unerwünschtes Kind oder hatte das falsche Geschlecht. Vielleicht ist sein älteres Geschwister gestorben und er ist falsch, weil er eigentlich er oder sie sein sollte (und manchmal deshalb seinen oder ihren Namen trägt). Warum ich entstanden bin, weiß ich meist nicht mehr. Wenn das der Mensch, in dem ich lebe, herausbekommt, dann kann er mich vertreiben. Deswegen tue ich alles, damit der Mensch nicht nach meiner Herkunft sucht. Und ich passe auch auf, dass die Menschen, die ich befalle, sich von anderen fernhalten, die sie so lieben, wie sie sind. Wenn solch eine Liebe erblüht, dann fühlen sich die Menschen plötzlich richtig – und ich muss verschwinden. Schrecklich.

Lieber sorge ich dafür, dass sie von der Liebe träumen, statt dass sie lieben. Wenn es etwas gibt, wozu ich gut bin, dann zum Träumen. Menschen, die mich in sich tragen, die sich falsch fühlen, schaffen sich imaginäre Welten, in denen sie richtig sind, in denen sie sogar Wunderdinge vollbringen und zaubern können, oder in denen sie gerettet werden. Ich stifte sie an zum Träumen. Das verschafft ihnen ein bisschen Glück – und das gibt mir Sicherheit, solange aus den Träumen keine konkreten Wünsche und Taten werden.

Freude

Im Unterschied zum Glück brauche ich einen Anlass, irgendetwas, worüber ich mich freuen kann. Dann kann ich klein und still daherkommen oder himmelhoch jauchzend und die Welt aus den Angeln hebend. Manchmal sagt man dann auch Begeisterung zu mir (wobei die Begeisterung sich ja für etwas Besseres hält, na ja). Was der Anlass für mein Erscheinen ist, ist so vielfältig wie das Leben auf dieser Welt. Ich bin da ganz anspruchslos. Ich besuche den, der zu Weihnachten ein neues Auto geschenkt bekommt, genauso gern wie das Kind, das in eine Pusteblume bläst. Zu Kindern komme ich sogar noch lieber. Ganz besonders gern zeige ich mein strahlendes Gesicht, wenn ich mich bei der Begegnung zweier Menschen gespiegelt sehe. Ich bereite den Boden für meinen Partner, das Glück.

Dabei werden die kleinen Gelegenheiten, bei denen ich zu Besuch kommen kann, oft übersehen und verpasst. Es gibt sogar Menschen, die kennen mich gar nicht. Solche Menschen vertrocknen und verbittern und lassen auch oft andere, ihnen nahe Menschen vertrocknen und verbittern. Denn das ist mein Daseinszweck: Ich bin die Bewässerungsanlage des Lebens, die Süße des Alltags. Ich gebe Kraft und löse Anspannung, ich stifte zu gemeinsamem Lachen an und zu heiterer Gelassenheit. Ich kann Neugeborene genauso besuchen wie Sterbende, Menschen jeden Geschlechts, jeden Alters, jeder Nationalität, jedes Zustandes.

Angst habe ich vor niemandem, ich kann alle bezaubern und verzaubern, die noch einen Funken Lebendigkeit in sich haben. Aber ich bin allergisch. Wenn eine Mutter zu einem Kind sagt: »Darüber musst du dich aber jetzt freuen …«, dann verlasse ich sofort den Raum. Gegen das Wort »muss« bin ich allergisch. Wenn ich bliebe, würde ich mich in eine gequälte Grimasse verwandeln. Ähnlich geht es mir in vielen Karnevalssitzungen und Comedy-Sendungen. Auch hier ist viel »Muss« im Spiel, mehr Grimasse als Lächeln. Alkohol zum Beispiel löst zwar viele Menschen, sodass sie sich mir leichter hingeben können. Dagegen habe ich gar nichts. Aber wenn Alkohol im Blut sein »muss«, droht die Allergie und ich gehe stiften.

Freundschaftlichkeit

Was wären Menschen ohne Freunde und Freundinnen? Ohne freundschaftliche Gefühle? Sie wären einsam. Was wären Liebesbeziehungen, die nicht durch Freundschaften zu anderen ergänzt würden? Sie wären überlastet. Was wären Kinder ohne Freundschaften? Sie könnten keine oder keine friedlichen und freundlichen, sondern nur konkurrierende Beziehungen mit Gleichaltrigen lernen und erproben.

Ich bin das Gefühl, das in Freundschaften entsteht, ja, das Freundschaften ermöglicht. Ich bin der Impuls, jemanden wiederzusehen. Ich bin das Bedürfnis, mit anderen zu plaudern und einen Teil des Alltags zu teilen. Ich bin die Bereitschaft, Vertrauliches anzuvertrauen und Geheimnisse zu teilen. Ich bin der Spaß, mit Freund oder Freundin zum Fußball oder shoppen zu gehen.

Viele Menschen sehnen sich nach mir und erhaschen mich nicht. Sie vermeiden oder verpassen den ersten Schritt: sich für jemand anderen zu interessieren und Kontakt aufzunehmen. Ich bin nicht, wie die Liebe manchmal, ein Gefühl des ersten Blicks, sondern brauche vorher einen Schritt, eine Begegnung. Wenn dann das Bedürfnis nach mehr entsteht, dann erst trete ich auf. Ich brauche also immer ein Vorspiel, eine Annäherung.

Was ich nicht leiden kann, sind Missgunst und Konkurrenz. Freunde und Freundinnen lassen und mögen sich so, wie sie sind. Sie lassen sich in Frieden. Auch Machtkämpfe stehen auf meiner Giftliste, ebenso ein Ungleichgewicht in der Art, Freundschaft zu leben. Wenn zum Beispiel unter Freundinnen immer nur eine anruft und für Verabredungen sorgt oder unter Freunden immer nur einer den Kummerkasten für den anderen spielt, dann ist das ein Ungleichgewicht, das mich verscheucht. Gegenseitige Unterstützung gehört zur Freundschaft, aber nicht, dass die einen die anderen ausnutzen.

Manche Menschen geraten immer wieder in Freundschaften, die sich als Beziehungen des Ungleichgewichts und des Ausgenutztwerdens herausstellen. Ihnen komme ich als Gefühl der Freundschaftlichkeit und der Freundlichkeit irgendwann resignierend abhanden. Ich wünsche mir dann, dass sie auf ihren inneren Ort der Freundlichkeit hören oder schauen. Wenn sie diesen Ort spüren, dann können sie auch Menschen erkennen und sich ihnen annähern, die ihnen freundlich gesinnt sind. Auch wenn manche Freundinnen und vor allem Freunde ihre gegenseitige innere Freundlichkeit zu verbergen suchen: Ohne Freundlichkeit keine Freundschaftlichkeit und keine Freundschaft.

Furcht

Ich bin die Zwillingsschwester der Angst. Alles, was die Angst von sich preisgegeben hat, gilt auch für mich. Wir werden oft verwechselt, weil wir so ähnlich aussehen. Es gibt nur einen Unterschied zwischen uns (und den auch nicht immer): Die Angst ist oft sehr unbestimmt und durcheinander. Wer Angst hat, weiß oft nicht, wovor er sich ängstigt. Oder er ängstigt sich mal vor diesem, mal vor jenem.

Ich bin konkreter. Wenn ich in einem Menschen aufsteige, dann zeige ich dem Menschen auch, wovor er sich fürchtet. Deswegen gebe ich ihm eher eine Richtung vor, wogegen er ankämpfen oder wovor er flüchten soll. Menschen, die mich, das Fürchten, verlernt haben, denen ich ausgetrieben worden bin, sind zu bedauern. Denn sie haben kein Maß, was gut für sie ist und was nicht. Das sollten Sie auch bedenken, wenn Sie mich bewerten.

Besonders wirksam bin ich in der Gemeinschaft mit der Einsamkeit. Mit ihr ziehe ich gerne umher, während mich die Gegenden, in denen sich die Solidarität aufhält, nicht zum Aufenthalt verlocken. Solidarität vertreibt mich.

Gefühl der Gefühllosigkeit

Wenn alle anderen Gefühle erstorben sind, dann trete ich auf. Zumeist namenlos und unbestimmt, aber doch präsent. Auch das Fehlen von Gefühlen kann man fühlen. Und nur, wenn Menschen mich akzeptieren, können sie sich auf den Weg machen, ihre Gefühle wieder herbeizuholen.

Ich bin also eine Art Platzhalter für die anderen Gefühle. Damit bin ich zufrieden. Mehr will ich gar nicht. Wenn ich mich nämlich dauerhaft einrichten muss, werde ich zu einer Form der Depression. Ich umschlinge die gesamte Lebendigkeit eines Menschen und drohe sie zu verschlingen. Oder ich werde zur Rohheit, was sich ganz und gar nicht gut anfühlt und meistens böse endet.

Also, ein Platzhalter für andere Gefühle zu sein ist schon gut und sinnvoll. Ein Schriftsteller und Philosoph hat mich »erstarrte seelische Lava« (Mercier 2004, S. 174) genannt. Wenn da wieder Bewegung hineinkommt, bin ich heilfroh. Ich bin ja nicht aus freiem Willen entstanden, sondern immer aus Notwehr, weil Gefühle nicht mehr aushaltbar waren. Durch gewalttätige Übergriffe, durch Verachtung und andauernde Beschämung oder weil Menschen mit ihren Gefühlen ständig ins Leere gingen und das nicht mehr aushielten.

Wenn ich als erstarrte Lava wieder zu glühen beginne und in Bewegung gerate, dann steigt Rauch auf, der Rauch der schmerzlichen Erfahrungen, die zu meiner Existenz geführt haben. Früher waren diese Schmerzen nicht auszuhalten. Damit sie jetzt auszuhalten sind, brauchen die Menschen Begleitung, freundschaftliche, therapeutische, welche auch immer, in jedem Fall dürfen sie nicht allein und einsam sein. Nur dann können die anderen Gefühle wieder Raum bekommen. Für mich heißt es dann: Job erfüllt. Dann löse ich mich gern auf.

Angst habe ich eher, wenn solche Wiederbelebungsprozesse nicht gelingen oder der Mut und die Unterstützung fehlen, sie überhaupt zu beginnen. Dann verwandle ich mich manchmal notgedrungen in Depression oder Rohheit. Aber das bedeutet für mich, dauerhaft in Starre gefangen leben zu müssen.

Gerechtigkeitsgefühl

Eigentlich bin ich in jedem Menschen zu Hause. Jeder hat ein Gefühl, was gerecht ist und was nicht. Wenn ein Mensch etwas als gerecht bewertet, trete ich kaum in Erscheinung. Ich bin allenfalls im Hintergrund aktiv und grunze vielleicht wohlgefällig vor mich hin. Wenn ein Mensch aber etwas als ungerecht bewerten muss (Sie merken, ich bin viel mit dem Bewerten beschäftigt), dann werde ich deutlich hörbar. Vor allem in Kindern. Diese ehren und schätzen mich und regen sich über ungerechte Behandlung lautstark auf.

Sie brauchen dann Bestätigung und wahrhaftige Abgleichung mit dem Gerechtigkeitsgefühl eines anderen Menschen, denn sie müssen sich vergewissern, dass und ob ihr Gerechtigkeitsgefühl »richtig tickt«. Diese Echos sind wichtig, denn dadurch kann ich meinen Beitrag leisten, dass die Kinder ihr Bewertungssystem entwickeln und festigen. Wenn die Kinder diese Bestätigung und Resonanz nicht erhalten, dann werde ich leiser und leiser und verstumme schließlich in Resignation. Wenn Kinder gar offensichtlich ungerecht behandelt werden und dies noch ignoriert oder bestätigt wird und sich wiederholt, dann verlieren sie mich. Ungerechtes Handeln wird dann für sie zum Normalfall. Bei Kindern wie bei Erwachsenen. Das ist mein Tod und davor fürchte ich mich.

Ge-Wichtigkeit

»Ich bin von Bedeutung« – dieses Grundgefühl rufe ich in Menschen hervor. Wie wichtig das ist, merken Sie, wenn Sie sich vorstellen, mich gäbe es nicht. Das wäre eine Katastrophe! Deshalb bin ich, die Ge-Wichtigkeit, so wichtig. Weil ich so außergewöhnlich wichtig bin, schreibe ich mich auch so außergewöhnlich.

Wichtig kann ich natürlich nicht im luftleeren Raum sein. Damit Menschen ihre Ge-Wichtigkeit fühlen, spüren, entwickeln und ermessen können, brauchen sie andere Menschen und viele gute Erfahrungen, vor allem die sichere und andauernde Erfahrung von Wirksamkeit (schönen Gruß an das unzertrennliche Paar Wirksamkeit/Unwirksamkeit). Die Resonanz von anderen Menschen ist entscheidend. Ich kann nur wachsen, ja sogar nur leben, wenn andere Menschen mich respektieren, mir das Recht auf Existenz zuerkennen. Menschen, die mich spüren, haben Nahrung von anderen erhalten, geistige, sinnliche, emotionale Nahrung, wurden von anderen gespiegelt, so ehrlich und wahrhaftig wie möglich, und konnten sich mit anderen reiben, ohne dass ihnen Gewalt angetan wurde. Das ist der Boden, auf dem ich mich entfalten kann.

Am meisten habe ich Angst vor der Leere und vor der Gewalt. Gewalt bricht mich und zerstört mich. Leere trocknet mich aus. Um nicht zu verdorren, suche ich mir krampfhaft Ersatzbereiche, in denen ich wirksam sein kann, und versuche sie zu kontrollieren. Zum Beispiel das Gewicht eines Menschen … Oder ich bewege einen Menschen dazu, extrem Sport oder Krafttraining zu betreiben. Wenn ich, ihre Ge-Wichtigkeit, bedroht bin, kümmern sich viele Menschen um ihr Gewicht …

Glücksgefühl

Ich kann zwar schreien und springen, doch meist komme ich still daher. Ohne große Worte, ohne demonstrative Aktivitäten. So etwas habe ich nicht nötig. Ich bin da und breite mich in einem Menschen aus. Zumeist werde ich zu einer Grundstimmung und richte mich für längere Zeit ein. Natürlich kann ich auch aufflammen, in manchen Glücksmomenten, zum Beispiel bei einem unerwarteten Liebesglück. Doch ich bin nicht auf kurze Besuche aus, sondern darauf, mich dauerhaft oder wenigstens für längere Zeit in Menschen einzurichten. Das erwarten die Menschen von mir und dafür tun sie viel.

Oft strengen sich die Menschen sehr an, mich zu empfangen, und gehen dabei sehr verkrampft vor, sodass ich mich an ihrer Tür vorbeidrücke. Ich komme aber auch manchmal unverhofft einfach so vorbei. Die Türen müssen offen sein. Wenn ich erst mit dem Dietrich hantieren muss, um Türen zu öffnen, oder Sturm klingen muss, um eingelassen zu werden, verliere ich schnell die Lust und die Kraft und ziehe von dannen. Wer mich nicht einlädt, hat keine Chance.

Doch ich weiß auch, dass ein bloßes Warten auf meinen Besuch nicht reicht. Die Menschen müssen schon in Bewegung kommen und Platz für mich schaffen. Das ist das Wichtigste, um mich einzuladen. Wenn die Menschen voll sind von Angst und Zorn, Ekel und Hass, dann fühle ich mich in dieser Gesellschaft nicht wohl. Ich bin ja nicht wählerisch, aber ein bisschen Platz und ein wenig nette Gesellschaft brauche ich schon. Dann komme ich, ganz gleich ob im ruhigen Urlaub oder während intensiver Arbeit, im Spiel mit den Kindern oder in der vertrauten Liebesbeziehung.

Das Zweite, was Menschen brauchen, damit ich sie besuche und erfülle, ist Achtsamkeit. Ich klopfe oft leise an – und werde manchmal überhört, weil der Mensch zu sehr mit anderen Dingen beschäftigt ist. Schade ist das dann, aber ich warte ungern und ziehe zum Nächsten.

Wofür ich gut bin, weiß ich nicht wirklich. Manche sagen, ich sei Belohnung für große Anstrengungen. Das kann schon gelegentlich sein, stimmt aber nicht, da ich oft und besonders gern zu Menschen gehe, die sich nicht anstrengen. Manche sagen auch, ich sei dazu da, um Menschen zu noch größeren Anstrengungen anzutreiben. Das empört mich, ich bin doch kein Motivationstrainer. Ich genüge mir selbst. Ob die Menschen mich als Belohnung sehen oder einfach glücklich sind, ist mir im Grunde egal. Ich bin einfach da. Das reicht mir, dafür brauche ich keine Begründungen oder Ziele.

Manchmal werde ich mit dem Glück beim Lotto oder anderen Spielen verwechselt. Bringt der Zufall ein erwünschtes Ergebnis, sagt man oft: »Glück gehabt!« Doch dieses »Glück« hat mit mir als Glücksgefühl allenfalls ein paar Sekunden und fünf Buchstaben gemein. Deswegen lege ich auch Wert darauf, als Glücksgefühl und nicht als Glück bezeichnet zu werden.

Angst habe ich vor Drogen und vor Druck. Vor beiden fliehe ich letzten Endes panisch, auch wenn dies zuerst einmal nicht so aussieht. Drogen jeder Art, vom Alkohol über Haschisch, Koks, Heroin usw. bis zum Glücksspiel, werden oft benutzt, um mich zwangsweise herbeizurufen. Und wenn man mich zwingt, dann komme ich, ungern zwar, aber ich komme. Doch ich bleibe nicht. Der Druck, mich zum Besuch zu zwingen, ruft bei mir nur Auswanderungsbestrebungen hervor. Ich brauche Weite und Gelassenheit, manchmal auch eine gewisse Spannung. Diese muss aber in sich federn und darf nicht durch Druck eingeengt sein. Druck nimmt mir den Atem und ist lebensgefährlich.

Hass

Ich bin auf Vernichtung aus, nicht auf Veränderung. Ich will zerstören, sonst nichts. Deswegen habe ich immer eine Richtung, will ein Objekt, einen Menschen, eine Institution, eine Idee, eine Beziehung oder sonst etwas zerstören.

Als Hass eines einzelnen Menschen werde ich immer aus einer zerstörerischen Situation geboren, meist aus traumatischer Gewalt oder Trennungs- und Verlusterfahrung, die den Menschen überfordert hat. Wenn Menschen unfähig sind, aus einer hilflosen Situation zu fliehen, sich zu verstecken oder gegen das Bedrohliche zu kämpfen, ohne die Situation verändern zu können, kann zerstörerischer Hass entstehen. Dieser Hass will die Quelle der Ohnmachtsgefühle zerstören und zerstört den hassenden Menschen oft selbst.

Oh ja, das kann ich: die Menschen, die ich ergreife, zerstören! Ich bin zäh und lang andauernd. Das, was ich Gutes und Nützliches in mir habe, ist meist nur kurz nach meiner Geburt vorhanden, wenn ich mich als Notwehr gegen Übermächtiges wende. Doch je länger ich aktiv bin, desto mehr verliere ich diesen Aspekt aus den Augen. Ich nähre mich aus mir selbst. Ich verselbstständige mich, wechsele die Ziele, schlage um mich – und zerstöre schließlich die Menschen, die ich ergriffen habe, indem ich sie auszehre, ihr ganzes Leben bestimme und all ihre Kräfte in Anspruch nehme. Ich bin immer stärker als ihre anderen Gefühle, wenn ich nicht gestoppt werde.

Am schlimmsten wüte ich als kollektiver Hass. Wenn ich mich mit anderen Hassenden zusammenschließe, werden wir eine Horde, deren Gewalttätigkeit keine Grenzen gesetzt sind. Ganz gleich, ob wir gegen Ausländer, Frauen, Juden usw. wüten. Aufgehalten werden können wir dann nur mit Gegengewalt.

Wovor ich Angst habe, weiß ich nicht so recht. Ich glaube, ich kenne keine Angst. Vor allem habe ich keine Angst vor Vernunft. Vernünftige Argumente belustigen mich und stacheln mich eher an. Ich brauche keine Argumente, ich brauche nur Opfer. Als kollektiver Hass fürchte ich nur Gegengewalt, Polizei, also konsequente Gegenwehr oder Solidarität usw. Ich werde allerdings dann schwächer, wenn man die Menschen, die ich besetzt habe, ihrer Führer beraubt. Auch als Hass eines Einzelnen mag ich es nicht, wenn ich gestoppt werde. Manchmal stoppt es mich schon, wenn man mich als das bezeichnet, was ich bin. Oft braucht es aber mehr. Es verunsichert mich, wenn ich damit konfrontiert werde, wie ich die Menschen, die ich ergreife, zerstöre. Ganz ungern gehe ich zu meiner Geburt zurück, zu den Ohnmachtserfahrungen, die mich in die Welt gebracht haben. Mich dahin zurückzubringen gelingt nur wenigen, denn dann würde ich verschwinden und deshalb wehre ich mich mit allem dagegen, was ich habe. Therapeut/innen fürchte ich.

Hilflosigkeit

Zumeist bin ich sprachlos. Verstummt. Kein Hilferuf, hat ja doch keinen Zweck.

Ich werde auch Ohnmacht genannt. Irgendetwas, irgendjemand hat einen Menschen überwältigt und ihn hilflos und ohnmächtig gemacht. Vielleicht ein gewalttätiger Mensch, eine Krankheit, eine Naturkatastrophe oder irgendetwas anderes. Das muss nicht den Menschen persönlich betreffen, ich überfalle auch Personen, die sich hilflos fühlen angesichts dessen, was Menschen widerfährt, die sie lieben.

Angenehm bin ich nicht, im Gegenteil. Das ist in der Regel auch gut so. Wenn ich wohlgefällig wäre, würden sich die Menschen mit mir einrichten. Das will ich nicht, das widerspricht meinem Daseinszweck. Ich bin dafür da, überwunden zu werden. Der Nutzen meiner Existenz besteht darin, dass ich laut werde und Hilfe herbeirufe. Damit so aus der Hilflosigkeit Einzelner die gegenseitige Hilfsbereitschaft vieler wird.

Obwohl ich so viel dafür tue, überflüssig zu werden, gewöhnen sich doch manche Menschen an mich und wollen mich nicht loslassen. Ihnen ist es lieber, hilflos zu sein, als Gefahr zu laufen, beim Ruf nach Hilfe und Unterstützung enttäuscht zu werden. Die Resignation verewigt ihr Verstummen. Andere sind zu stolz, Hilfe einzufordern oder anzunehmen. Sie fürchten um ihre Würde. Das mag ja verständlich sein, ist aber unklug. Denn wenn ich als Hilflosigkeit dauerhaft Menschen begleite und bestimme, zieht die Würde immer mehr von dannen. Genau das, was diese Menschen vermeiden wollten, geschieht dann.

Nur manchmal wäre ich gerne ein wenig wohlgefälliger zugunsten der Menschen. Dann nämlich, wenn Menschen alle ihre Energie darauf verschwenden, mich nicht zu fühlen, obwohl sie wirklich Opfer einer Situation sind oder waren, in der sie hilflos sind oder waren. Sie kämpfen gegen Windmühlen und könnten doch erst wehrhaft werden, nachdem sie mich als Teil ihres Erlebens angenommen haben.

Einen Tipp kann ich geben, wenn Menschen Hilfe nicht annehmen können oder wollen: Üben Sie, Nein zu sagen. Wenn jemand nach einer Operation sich allen und allem ausgeliefert fühlt und ihn das daran hindert, mich in Hilferufe zu verwandeln, dann können gerade die kleinen Neins (»Nein, diese Suppe mag ich nicht«, »Nein, kein Fernsehen heute, eher Musik«) helfen, die Sicherheit aufzubauen, dass man etwas zu sagen hat. Das verringert das Gefühl, ausgeliefert zu sein, lässt mich an Bedeutung verlieren und macht Mut, auch einmal zu sagen: »Ja, ich brauche deine Hilfe.«

Als Hilflosigkeit habe ich eigentlich vor nichts und vor allem Angst. Halten Menschen an mir fest, brauche ich um meine Existenz nicht zu fürchten. Überwinden Sie mich, lösen Sie sich von mir, so fühle ich mich auch erlöst. Denn das habe ich ja schon zu Beginn gesagt: Ich bin dazu da, überwunden zu werden. Ich kann damit leben, übersehen zu werden, weil ich so still bin. Ich kann mit Mitleid leben, aber auch damit, kein Mitgefühl zu erhalten. Ich fürchte mich vor der Einsamkeit und suche sie. Ich fürchte mich vor der Zukunft und schaue ihr optimistisch entgegen. So *und* so, denn ich bin abhängig von dem, was ein Mensch aus mir macht.

Hoffnung

Wenn ich verschwinde, kommt die Resignation. Und umgekehrt: Ich kann die Resignation vertreiben, meine alte Widersacherin. Damit sind wir gleich bei meinem Lebenszweck: Ich bin die Kämpferin gegen die Resignation, die Kämpferin für eine Zukunft.

Die Sehnsucht mag ja berühmter und schillernder sein, aber ohne mich gäbe es sie nicht. Ich bin solide und lenke den Blick der Menschen auf die Zukunft, auf eine bessere Zukunft. Deswegen gäbe es ohne mich keine Veränderung in Richtung eines besseren Lebens. Ich gebe so dem Handeln der Menschen eine Richtung, während die Sehnsucht oft viel unbestimmter ist.

Ich bin auch die Begleiterin zahlreicher Gefühle und deshalb mit vielen gut Freund. Die Einsamkeit lasse ich auf eine Verwandlung in Freundschaft und Liebe hoffen. Die Trauer begleite ich in ihrer Arbeit des Loslassens. Seelische Schmerzen werden durch mich aushaltbar, weil ich die Möglichkeit der Veränderung signalisiere. Ich bin dazu da, Perspektiven der Besserung zu eröffnen und den Weg für den Mut tatkräftigen Handelns zu bereiten.

Dass ich ein Feind der Resignation bin, brauche ich wohl nicht besonders zu betonen. Die Resignation vertreibt mich. Das Scheitern dagegen kann ein guter Kumpel sein. Wenn Menschen scheitern, kann die Hoffnung, dass ihr Anliegen beim nächsten Versuch gelingt, auf dem Fuße folgen.

Ich fürchte mich ein wenig vor jedem Druck, dass Erhofftes eintreten muss. Noch mehr fürchte ich mich vor Abwertungen wie: »Das geht ja doch nicht«, oder: »Du spinnst ja!« Damit Menschen mich trotz solcher Abwertungen bewahren können, brauchen sie Verbündete, andere ebenfalls Hoffende, die sie bestärken und möglicherweise sogar die Hoffnungen gemeinsam in die Tat umsetzen.

In-sich-Wohnen

Mein Konkurrent, das Sich-fremd-Sein, will mich immerzu verdrängen. Doch ich bin die Erstgeborene. Ich bin immer zuerst da, in jedem Menschen komme ich auf die Welt. Der neugeborene Mensch spürt sich und wohnt in sich. Die Differenzierung und die Fähigkeit, all das in Worten auszudrücken, kommen später hinzu. Aber als Grundgestimmtsein bin ich so selbstverständlich in den meisten Menschen vorhanden, dass sie mich kaum bemerken. Manchmal sagen sie, sie fühlen sich wohl in ihrer Haut oder sie seien einverstanden mit sich, manchmal bezeichnen sie mich mit diesem seltsamen Wort »authentisch«. Na ja, das gefällt mir nicht so gut, das hat so einen unangenehm bewertenden Beigeschmack, finden Sie nicht? Aber wie dem auch sei: Ich finde für mich die Beschreibung, in sich zu wohnen, am treffendsten, denn dazu gehört nicht nur die Sicherheit: »Das ist *meine* Wohnung.« Dazu gehören auch Vertrautheit, eigener Stil und Wohnlichkeit.

Ich habe keine besondere Aufgabe. Ich bin der Boden, auf dem die anderen Gefühle ihre Aufgaben erfüllen können. Ich bin die Grundstimmung des Erlebens, das Befinden unter dem Befinden. Ohne mich ist alles nichts – »nichts« mag vielleicht ein wenig übertrieben sein, aber ohne mich ist alles zumindest irritiert, unsicher, im dauerhaften Zweifel usw.

Deswegen fürchte ich mich gar nicht so sehr vor dem Sich-fremd-Sein, sondern vor seinen wegbereitenden Schlägerkolonnen, die Menschen den Kern des Selbstverständlichen austreiben. Zu dieser bunten Truppe gehören obskure Gestalten: der Zerrspiegel, der Menschen darin verunsichert, wer sie sind, die Prügel und die Vergewaltigung, die den inneren Kern der Menschen schädigen oder schrumpfen lassen, die Leere, die Menschen an ihrer Identität zweifeln und verzweifeln lässt, die permanente Bedrohung und Verunsicherung durch Eltern oder Partner/innen mit schweren psychischen Erkrankungen oder Alkoholismus, die in Hochspannung versetzen und darunter oft Leere produzieren … Schluss mit der Aufzählung! Wichtig ist, wovor diese Gestalten Angst haben: vor Selbstbewusstsein und Selbstachtung, vor Mitgefühl und Solidarität, vor Spielen und Lieben, Eigensinn und Hingabe. Ich lass mich nicht kleinmachen, darauf können Sie sich verlassen.

Interesse

Ich werde fast immer erst dann bemerkt, wenn ich weg bin. Ich werde sträflich unterschätzt. Wenn Menschen mich verloren haben, werden sie apathisch und melancholisch, wissen nicht mehr, was sie wollen, und können das, was sie eventuell wollen könnten, nicht angehen. Und kommen sogar morgens nicht mehr aus dem Bett.

Dann merken sie, was sie an mir haben. Ich bin das Gefühl der Zuwendung, ich bin das Gefühl der Motivation, der

Startknopf des Lernens, des Handelns und der Begegnungen. Ich bin das Gefühl, das allem eine Richtung gibt. Oh ja, ohne diese Richtung dreht sich alles immer gleich im Kreis herum. Ich kann allem Kraft und Dynamik geben, indem ich mich steigere. Dann werde ich zur Neugier bis hin zur Leidenschaft.

Dann werde ich auch wahrgenommen. Aber so, wenn ich einfach nur bin, wie ich bin, werde ich oft ignoriert. Wie die alte Uhr, die so selbstverständlich im Wohnzimmer steht, dass sie erst auffällt, wenn sie weg ist. Manchmal habe ich da wirklich Lust, ein bisschen zu verschwinden. Nur ganz kurz, damit ich auffalle. Um dann gleich wiederzukommen. Aber »ein bisschen« klappt nicht. Zum Verschwinden brauche ich die Angst oder die Scham, die Gewohnheit oder die Resignation. Und wenn die erst einmal eingetroffen sind, machen sie sich unverschämt breit. Dann muss ich kämpfen, um meinen Platz wiederzubekommen.

Es gelingt also nicht, auf mich aufmerksam zu machen, indem ich mal eben verschwinde und wiederkomme. Also bitte: Beachten Sie mich und unterstützen Sie mich. Ich brauche doch wirklich wenig, nur Beachtung und Akzeptanz, das reicht mir schon.

Ignoranz hasse ich, sie ist mein Tod. Wenn ich übersehen werde, wie ich Menschen motiviere, sich für dies und jenes zu interessieren, dann kränkt mich das. Aber wenn diese Menschen, die ich motiviere, mit ihrem Sichinteressieren ins Leere gehen, dann kann mich das ruinieren. Wenn diese Menschen dann aufgeben, habe ich keine Chance. Deswegen meine inständige Bitte: Wertschätzen Sie mich. Interessieren Sie sich für mich!

Jähzorn

Mit dem Zorn habe ich außer den vier Buchstaben auch manche Eigenschaften wie Heftigkeit und Lautstärke gemeinsam, aber ich lege Wert darauf, dass ich etwas Eigenständiges bin. Zorn hat einen Grund, ich habe nur einen Anlass. Zumeist einen nichtigen, der in keinem Verhältnis zu meiner Heftigkeit steht. Ich breche aus, weil es in dem Menschen, den ich befalle, brodelt. Ein kleiner Anstoß genügt, wahllos und zufällig. Und dann lege ich los, hemmungslos und grenzenlos. Auch darin unterscheide ich mich vom Zorn. Der hat ja eine Richtung, ein Ziel, will etwas verändern. Ich will nichts verändern, ich will mich nur austoben. Deswegen hat er meistens ein Maß und ich nicht. Und ich wende mich nicht gegen eine Bedrohung, ich wende mich gegen jeden, der zufällig vorbeikommt. (Insofern habe ich manchmal mehr mit der Wut als mit dem Zorn gemeinsam.)

Deswegen ist es völlig belanglos, wann ich wie und gegen wen loslege. Um mich zu verstehen, ist es entscheidend, auf die Quelle meiner Energie zu schauen, auf die Kraft, die mich zum Ausbruch drängt. Ich entstehe nicht, ich werde geschaffen. Fast immer von ungelebtem Leben, das gelebt werden will. Vielleicht eine schlummernde Sehnsucht, ein verdrängter Zorn über Erniedrigung, eine nicht gelebte Sexualität oder andere Leidenschaft – all das lässt mich explodieren, wenn es nicht selbst zum Vorschein kommen darf oder zu leben wagt.

An mir mit guten Argumenten herumzudoktern ist zwecklos. Da bin ich stärker. Auch gegen Kontrollversuche bin ich weitgehend immun. Sie helfen nur kurzfristig – irgendwann lässt die Wachsamkeit nach und dann lege ich los. Aber wie. Ich fürchte nur eines: ausgetrocknet zu werden. Wenn meine Quellen einen eigenen Ausdruck finden, verschwinde ich still und leise. Wenn dies nicht geschieht, werde ich zum Dauergast.

Langeweile

Von der Langeweile etwas wirklich Interessantes zu erfahren, werden Sie nicht erwarten. Aber ich werde Sie eines Besseren belehren.

Ich bin eine Stimmung, die sich breitmacht. In mir schlummert das Interesse. Ja, es ist da, aber es weiß nicht, in welche Richtung es sich bewegen soll. Also schläft es und sammelt Kräfte. Das ist meine Funktion: Kräfte sammeln und auf Beute lauern, auf etwas lohnenswert Interessantes. Manchmal ist das Interesse einfach erschöpft und verwirrt. Das alte Interesse ist nicht mehr da und das neue noch nicht sichtbar. Dann braucht es eine schöpferische Pause, das bin ich. Wenn man mich lässt, taucht schon ein neues Interesse auf. Nur wenn man mich unbedingt weghaben will, dann werde ich störrisch und verteidige mich.

Schöpferische Menschen werden Ihnen bestätigen, dass sie mich, die lange Weile, brauchen. Sie nennen mich dann, wenn sie sich mir hingeben, vielleicht Muße oder Meditieren oder Tagträumen.

Oft muss ich aber auch dafür herhalten, dass sich jemand für etwas interessiert, sich das aber nicht erlaubt und das Interesse gewaltsam unterdrückt. Dann bin ich als Langeweile Ausdruck der Pattsituation: Das, wohin sich das Interesse richtet, oder das, was eine Person wirklich beschäftigt, darf nicht öffentlich werden. Also komme ich als Langeweile auf und muss die Stellung halten. Dann bin ich eine druckvolle und mürrische Langeweile und verbreite den Druck, mit dem ich das wahre Interesse unterdrückt halte, nach außen.

Wovor ich Angst habe? Vor dem Druck, doch endlich einem Interesse Platz zu machen, ganz bestimmt nicht. Das mache ich freiwillig oder gar nicht. Angst habe ich eigentlich nur davor, dass manchen Menschen alles, wofür sie sich interessieren, auf dem Silbertablett serviert wird; dass ich sofort, sobald ich im Anflug bin, zugestopft und erstickt werde. Dann hören diese Menschen auf, sich zu interessieren. Ich bin dann kein Kräftesammler, sondern nur noch eine klebrige, verwöhnte Masse und ende gewöhnlich in der Sucht. Und wie viele andere Gefühle fürchte ich mich vor der Leere. Menschen, deren Interesse ins Leere geht, langweilen sich nicht (auch wenn sie das manchmal behaupten!), sondern resignieren oder hören auf zu fühlen.

Leere

Wie so viele meiner Verwandten habe ich mehrere Bedeutungen. Die Menschen haben die seltsame Eigenschaft, den Zustand eines äußeren Objektes auch subjektiv empfinden zu können. Sie fühlen sich leer – und da bin ich da, als Gefühl oder genauer gesagt: als Befinden.

Auch hier habe ich mehrere Qualitäten und Bedeutungen. Die erste ist, dass ich das Empfinden eines Menschen bin, der mit seinen Regungen und Impulsen ins Leere geht. Dieses Empfinden sei, so sagen die Menschen, schrecklich, deswegen mag mich niemand gern. Nun könnten sich ja die Menschen anderen zuwenden, bei denen sie nicht ins Leere gehen, sondern zugreifen können und Antworten erhalten. Doch manche können das nicht, zum Beispiel Kinder, und viele kleben an mir fest. Ich habe nämlich Macht, große Macht. Wer ins Leere greift, versucht es zumeist immer wieder, will mich nicht wahrhaben und probiert es und probiert es, sucht die Schuld bei sich selbst, versucht es neu und immer wieder – bis meine Schwester, die Resignation erscheint.

Dann kann es sein, dass ich mich in meine zweite Qualität verwandele. Aus der ersten, dem Empfinden der Leere um einen Menschen herum, werde ich zu einer Leere *in* einem

Menschen. Manchmal geht das so weit, dass ich sogar das, was der Mensch als seinen inneren Kern erlebt, umhülle und es ihm unmöglich mache, zu wissen und zu entscheiden, was er will. Sie sehen, meine Macht ist groß. Auch wenn diese Macht mehr im Geheimen wirkt. Ich hänge sie nicht an die große Glocke, das habe ich nicht nötig.

Als dritte Qualität trete ich auf, wenn Menschen sich innerlich ausgebrannt haben. Meistens beginnt das damit, dass ein Mensch versucht, sich eines Gefühls zu entledigen, zum Beispiel die Trauer nicht wahrhaben will, und dann so viel powert, dass schließlich alle Reserven aufgebraucht sind und er sich völlig leer fühlt. Er will statt eines Gefühls eine Leerstelle setzen und wird selber leer. Auch hier sehen Sie wieder meine Macht! Eine respektvolle Verbeugung vor mir wäre angesagt.

Ich habe noch viele andere Bedeutungen und Qualitäten. Doch wie gesagt arbeite ich lieber im Geheimen. Mein Sinn könnte darin bestehen, dass Menschen mich spüren, um sich von mir abwenden zu können. Das weiß ich nicht genau. Aber die meisten tun es nicht. Würden sie so handeln, um mich einen Bogen machen und hätten dabei Hilfe und Unterstützung, hätte ich sicher Angst davor. Doch da ich auf die meisten eher anziehend wirke, brauche ich mir keine Sorgen zu machen. Nun ja, geliebt werde ich nicht. Man kann nicht alles haben. Mir reicht die Macht.

Leidenschaft

»Leidenschaft, das ist die Kraft, alles zu verwandeln und auf den Kopf zu stellen«, schreibt der Schriftsteller D. Wellershoff in einem Roman (2002, S. 12). Da fühle ich mich richtig gesehen. Eine unbändige Kraft bin ich, unzähmbar und wild. Und schwer zu beschreiben. Aber ich will es versuchen.

Ich bin vieles. Am bekanntesten bin ich als Beziehungsleidenschaft. Ich entflamme Menschen, dass sie sich zu anderen Personen ungebremst hingezogen fühlen oder sich für Autorennen, Mangas oder die Musik von Robbie Williams begeistern. Ich bewege den Menschen nicht nur in Richtung auf etwas – ich *bin* die Richtung. Das Objekt des Sehnens des Menschen entwickelt dadurch solch eine starke Anziehungskraft, dass es zum erlebten Bestandteil des leidenschaftlich sehnenden Menschen wird. Die Frau, für die der Mann in Leidenschaft entflammt, wird so zum Teil seines Herzens. Wenn das Objekt (hier in diesem Beispiel für das Subjekt Frau) sich entzieht, werden Kränkung und Enttäuschung groß und ich schaffe Leiden.

Als Zweites bin ich ein Verstärker, ein Katalysator. Ich kann einen kleinen Ärger in einen hell lodernden Zorn verwandeln und ein zartes Traurigsein in tiefen Schmerz oder die Angst in Panik. Nichts ist vor mir sicher, jedes Gefühl kann ich vertiefen und erheben. Deswegen fürchten sich Menschen, die ihren Gefühlen nicht freundschaftlich verbunden sind, vor mir und setzen mich mit Kontrollverlust gleich. Diese Unterstellung ist unsinnig. Zum Kontrollverlust führt ein Gefühl nur dann, wenn es kein Ich als Ausgangspunkt hat oder wenn dieses Ich zu labil und brüchig ist. Das gilt für mich wie für jedes andere Gefühl.

Nur unsichere Menschen oder sehr verletzte Menschen haben Angst vor mir und wollen mich kontrollieren. Welch vermessenes und bedauerliches Unterfangen! Ich, die Leidenschaft, bin das Salz in der Suppe. Ich bin das Gewürz, das das Leben schmackhaft macht. Ich habe keine Angst vor Kontrollversuchen, die prallen an mir ab. Da braucht es schon massive Unterdrückung. Aber auch die hält nicht ewig. Irgendwann breche ich aus wie ein Vulkan.

Ich ängstige mich eher vor der Attraktivität der Lauheit und des Mittelmaßes, die Menschen in allem die »Mitte« suchen lässt und in Öde endet, die alles einschläfert. Und ich fürchte die Berechnung, die die leidenschaftlichen Regungen auf »später«, auf einen »passenden Moment« verschiebt. Wer mich berechnen will, tötet mich.

Liebe

Ich bin allgegenwärtig und nicht zu fassen. Die Fachleute können mich sowieso nicht beschreiben, die Poeten versuchen es tausendfach wieder und wieder. Doch ich bin verrückt und spotte jeder Beschreibung.

Ich bin Nähe, Intimität, Vertrauen – aber nicht nur.

Ich bin Lust, Erotik, Sexualität – aber viel mehr.

Ich bin sowohl höchste Erregung und Leidenschaft als auch tiefste Ruhe.

Ich bin die Bindung, brauche aber die Reibung und das Anderssein, sonst gehe ich verloren.

Ich bin so vieles und doch einzigartig, entziehe mich jeder Messung und jedem Begreifen.

Wofür ich gut bin, ist eine dumme Frage. Wer liebt, weiß, dass Liebe gut ist. Selbst wenn sie schmerzt. Liebe ist Leben. Natürlich sorge ich biologisch dafür, dass Menschen zusammenkommen und zusammenbleiben, sorge für Beziehungen und stabile Bindungen, die einen schützenden und haltenden Rahmen für das Großwerden der Kinder ermöglichen. Doch wie gesagt: Ich bin verrückt. Ich pfeife auf die Biologie. Ich lasse Menschen lieben, egal, ob das biologisch wertvoll ist. Die Oma liebt den Enkel, der Enkel liebt Luke Skywalker oder Prinzessin Lillifee, Männer lieben Männer, andere lieben ihre Heimat oder die Literatur. Ich habe viele Gesichter, lenke in viele Richtungen und bewirke allerlei, unabhängig von biologischem Nutzen. Bin halt verrückt.

Angst habe ich vor vielem. Vor der Interesselosigkeit und Öde ebenso wie vor der Ruhelosigkeit. Davor, dass Menschen das Anderssein des anderen nicht akzeptieren oder nicht wahrhaben wollen, dass eine geliebte Person dem Wunschideal nicht entspricht (und nicht entsprechen kann). Angst habe ich vor Täuschungen, Betrug und Selbstbetrug. Angst habe ich vor dem Steckenbleiben in der Angst vor Hingabe. Angst habe ich vor den Arten von Misstrauen und Macht, die mich töten. Und ich habe Angst vor der Angst, zumindest vor der starken Angst, die eng macht und mein Pulsieren einengt.

Machtgefühl

Ich bin eine Droge unter den Gefühlen. Wer mir verfallen ist, braucht mich. Immer wieder. Nie bin ich genug. Ich verschaffe Befriedigung nur für den Moment, nie auf Dauer. Ich tobe mich in machtvollen Handlungen aus, doch wenn ich abklinge, kommt der Kater und ich schreie nach mehr und mehr. Wie gesagt: ein Drogengefühl. Mein Konkurrent, die Wirksamkeit, macht nicht abhängig. Das ist das Gefühl, das sich einstellt, wenn ein Mensch etwas »gemacht« hat (deswegen werden wir oft verwechselt), also Wirkung erzielt. Ich bin viel mehr. Ich brauche nicht Wirkung, ich brauche Ohnmacht.

Oft tobe ich mich in Rohheit aus, ja, verwandle mich in Rohheit. Aber ich kann mich auch tarnen und will dann nur »das Beste für andere«. Als Manager/in zum Beispiel oder als Lehrer/in. Als Prediger/in oder Journalist/in oder Kritiker/in. Als Fußballtrainer/in oder als rasender und drängelnder Autofahrer – ich kann in viele Rollen schlüpfen. Wichtig ist nur, dass ich mich austoben kann und dass es meinen Gegenpart gibt: die Ohnmacht.

Denn aus der Ohnmacht bin ich entstanden. Wenn die Ohnmacht zum Gefühl der Hilflosigkeit wird und das Gefühl der Wirksamkeit verdrängt, was bleibt dem Menschen dann? Wer sich hilflos und wirkungslos fühlt, kann sich darin ergeben und resignieren und sich von den Tigern dieser Welt fressen lassen oder er kann selbst zum Tiger werden und andere fressen. Wenn Sie lieber so leben wollen, als hätte alles, was Sie unternehmen, keinen Zweck und keine Wirkung, als seien Sie hilflos allen Mächtigen ausgeliefert – bitte sehr. Ich gebe den Menschen die Möglichkeit, das nicht zu tun, zwar nur als Droge, aber immerhin. Solange es nichts Besseres gibt …

Angst habe ich nicht vor den Pazifisten, die mir gut zureden wollen. Die haben keine Macht über mich. Ihre Versuche und Anstrengungen enden nur wieder in der Ohnmacht. Die nerven manchmal, aber kriegen mich nicht. Zu fürchten habe ich nur, wenn es keine Ohnmächtigen mehr gibt, die sich unterjochen lassen. Wenn die Ohnmächtigen aufstehen und sich obendrein noch zusammenschließen, wenn sich ihre Ohnmachtsgefühle in Wirksamkeit verwandeln, dann werde ich auswandern.

(Und, ich traue es mich kaum zu sagen, deshalb in Klammern: Vor der Liebe fürchte ich mich. Sie entzieht mir die Kraft.)

Misstrauen

Mein Gegner, das Vertrauen, hat ja schon einiges über mich erzählt, wie Sie noch lesen werden oder vielleicht schon gelesen haben, sodass ich mich kurzfassen kann. Doch eines hat er, wen wundert es, weggelassen: meinen Nutzen.

Ja, ich bin nützlich! Kein Mensch kann allen vertrauen. Es gibt immer auch andere, die böse sind, die verraten und verachten, die Gewalt ausüben. Und solchen Menschen soll man vertrauen? Nein, da kann das Vertrauen noch so viel Reklame für sich machen, das wäre gesundheitsschädlich und seelenschädlich. Deswegen brauchen die Menschen mich unbedingt, um aufzupassen, um sich zu schützen. Ich bin ja schon zufrieden, wenn ich neben dem Vertrauen leben kann. Statt sich immer zu bekämpfen und im »Entweder-oder« zu verharren, wäre doch ein bisschen friedliche Koexistenz ganz gut. Das Vertrauen ist für die Guten da und ich für den Rest der Welt. Das wär doch was!

Viele schlimme Erfahrungen eines Menschen, die mich hervorrufen, beschreibt das Vertrauen (dabei geht es das gar nichts an!). Doch ich komme auch anders bei den Menschen vorbei: als Zweifel. Kann das denn stimmen? Diese Frage werfe ich auf. Manchmal ganz leise, dann wieder laut. Je nach Gegebenheit. Ich kann laut und poltrig sein, bevorzuge aber die leisen Töne. Damit bin ich der Begründer der Wissenschaft, wussten Sie das? Wenn Menschen nicht bezweifeln, dass das, was als Wahrheit gilt, stimmt, würden sie nicht anfangen zu forschen. Jede Irritation, jeder lose Faden, jede offene Frage kann mich hervorrufen und Misstrauen in die Gültigkeit der vorhandenen Meinungen und Anschauungen säen. Ohne mich würden sie immer noch glauben, die Erde sei eine Scheibe!

All meine Verdienste sind es doch wert, mich zu achten und mir einen gebührenden Platz in der Reihe der Gefühle einzuräumen. Ich weiß ja, dass ich auch gefährlich sein kann und Menschen »zerfresse«. Dann bin ich maßlos und werde nicht gebremst. Ich brauche schon meinen Antipoden, das Vertrauen. Gemeinsam sind wir stark.

Mitleid/Mitgefühl

Wie Sie mich nennen, ob Mitleid oder Mitgefühl, ist mir eigentlich egal. Ich bleibe dasselbe. Nur – als Mitleid werde ich oft abgelehnt. Dabei ist mit-leiden doch nichts Schlimmes. Manchmal meinen Menschen allerdings, als Mitleid käme ich etwas von oben herab daher, und finden, ich klänge nach emotionalen Almosen statt nach von Gleich zu Gleich geteiltem Leid. Deshalb lehnen mich viele als Mitleid ab, ihres Stolzes und ihrer Würde wegen.

Doch als Gefühl des Mitleidens bin ich nicht von oben herab. Ich fühle mit und ich leide mit. Damit befähige ich andere Menschen zur Resonanz und bin die Grundlage dafür, dass überhaupt Gefühle geteilt werden können. Ich streite mich nicht um Namen. Wenn jemand mich als Mitleid nicht mag, dann soll er oder sie mich eben Mitgefühl nennen! Wichtig ist nicht mein Name, wichtig ist, dass es mich gibt.

Ohne Mitgefühl keine Liebe, ohne Mitgefühl keine Hilfsbereitschaft, keine Solidarität. Ohne Mitgefühl muss jeder Mensch an seinen Leiden verrecken. Auf mir beruht das soziale Zusammenleben, ich bin das emotionale Fundament der Gesellschaft. Da brauche ich über meinen Nutzen wohl nicht mehr viel zu sagen.

Wenn Menschen erlauben, dass ich aktiv werde und ihr Handeln bestimme, dann ist es mir wichtig, wie ich tätig bin. Diejenigen, denen es schlecht geht und auf die ich mich beziehe, brauchen keine besserwisserischen Ratschläge, sondern etwas anderes von ihrem Gegenüber: *annehmendes Zuhören*, also erst einmal angenommen werden in dem, was ist; *verstehendes Zuhören*, also dass Zusammenhänge erkannt und ausgedrückt werden; *echogebendes Zuhören*, also dass das Gegenüber eigene Echos mitteilt: Betroffenheit, die sich nicht aufzwingt, eigene Verletzungen, eigene Erfahrungen, aus ähnlichen Nöten herauszukommen usw., ohne die Schwere zu vergleichen und wegzuschieben.

Damit kann ich wirklich unterstützen und helfende Verbindungen schaffen.

Mein großer Widerpart ist nicht der Zorn, wie manche meinen. Er ist mein Bündnispartner. Wenn ich als Mitgefühl aktiv bin, bekomme ich so viel Ungerechtigkeit, Gewalttätigkeit und

Erniedrigung mit, dass mich oft der heilige Zorn packt. Dieser Zorn kann die Welt verändern, wenigstens ein bisschen, sodass das Leiden weniger wird. Mein Gegenpol ist die Gefühllosigkeit, die dann zur Rohheit wird. Vor ihr fürchte ich mich.

Müdigkeit

Ich werde fast immer nur als körperlicher Zustand wahrgenommen. Wer lange schwer arbeitet oder wer zu wenig Schlaf bekommt, ist müde. Doch so, wie die Wärme und Kälte nicht nur den Stand eines Thermometers bezeichnen, sondern auch die Atmosphäre zum Beispiel einer Familie oder das emotionale Befinden eines Menschen, so bin ich, die Müdigkeit, auch ein seelischer Zustand. Als seelische Müdigkeit sorge ich auch für körperliche Erschöpfung und als körperliche Müdigkeit fahre ich oft auch das Gefühlsleben herunter. Beide Aspekte sind miteinander verwoben.

Ich trete öfter mal in besonderer Form bei Menschen in helfenden Berufen auf, die sich bis an den Rand des Burn-outs um andere kümmern. Ich höre sie sagen: »Ich bin der Menschen müde.« Dann bin ich eine Wegbereiterin in den Rückzug, in die Rückbesinnung auf sich selbst, in die gute, erholsame Einsamkeit – oder sagen wir so: Ich könnte es sein, wenn diese Menschen bereit wären, mich wertzuschätzen.

Dass ich hier unter den Gefühlen und anderen emotionalen Regungen erwähnt werde, freut mich sehr. Denn oft stehe ich im Schatten und werde übersehen. Dabei bin ich wichtig und beeinflusse viele Menschen. Da kämpft ein Kind seit Jahren darum, von seinem Vater ernst genommen zu werden – und wird müde. Eine Frau strengt sich krampfhaft an, den Schmerz über eine verloren gegangene Liebe nicht zu spüren und erst recht nicht zu zeigen – und wird müde. Ein Mann lebt seine Leidenschaft nicht und verbannt sie in das ungelebte Leben – und wird müde. Andere übernehmen zu viel Verantwortung oder drücken sich krampfhaft davor, Verantwortung zu übernehmen – dass ich auftauche, kann unterschiedliche Vorgeschichten haben. Oft entstehe ich aus ungelebtem Leben, vor allem ungelebten Gefühlen, und bin das Produkt langwieriger innerer und äußerer Kämpfe, deren Scheitern sich abzeichnet. Immer mal wieder werde ich mit der Resignation verwechselt – dabei empfinde ich mich als eine Nuance freundlicher und lebendiger.

Angst habe ich vor der Wahrhaftigkeit. Wird ein Scheitern eingestanden, tritt eher die Traurigkeit auf den Plan als ich. Meine Verbündeten sind Tabus jeder Art. Sie bereiten mir den Weg.

Mut

Mich kennt jeder – zumindest aus Filmen und Büchern. Ich bin das Gefühl, das die Angst überwindet. Durch mich wird es möglich, für etwas einzutreten, für die eigenen Interessen zu kämpfen und für die anderer. Mut zeigt sich aber nicht nur darin, großartige Taten zu vollbringen. Mut zeigt sich auch im Kleinen, wenn ein Vater in der Schule für sein Kind eintritt oder eine Frau ihrem Chef widerspricht.

Mut bedeutet nicht, keine Angst zu haben. Ich brauche die Angst. Ohne Angst gibt es mich nicht. Wenn Superman, der keine Angst kennt, die Welt rettet, braucht er mich nicht. Wenn ein Mädchen seine Freundin gegen Mobbing unterstützt, dann hat es Angst und braucht mich. Wenn ich auftrete, dann mit der Angst und trotz der Angst. Sie darf und soll sogar ein bisschen bei mir bleiben und auf mich aufpassen, dass ich nicht über die Stränge schlage. Sonst kann ich gefährlich übermütig werden.

Eine unbekannte Seite von mir ist die Zumutung. Wenn ich als Zumutung daherkomme, werde ich oft abgelehnt. Dabei stammt das Wort »mut« aus dem indogermanischen »muod« und bedeutet »Seele«. Als »Zumutung« wende ich die Seele eines Menschen jemandem zu. Sich zuzumuten besteht aus vielen wichtigen Kleinigkeiten. Einen Wunsch äußern. Eine Krankheit nicht verschweigen. Lachen, wenn andere nicht lachen. Ein Gefühl zeigen. Ja sagen. Nein sagen. Ich sagen. Sich jemandem zuwenden. Eigen-sinnig sein. Zeigen, dass man nicht weiterweiß. Hilflos sein und um Hilfe bitten. Hilfe annehmen. Ein Lied singen. Ungelebtes Leben leben …

Sich zuzumuten bedarf aber auch der Differenzierung. Wem mutet sich ein Mensch zu und wem nicht? Sich zuzumuten braucht das Vertrauen, nicht beschämt, verlacht oder zurückgewiesen zu werden. Oft entdecken Menschen mehr andere Menschen, denen sie sich zumuten können, als sie vorher vermutet haben. Doch wenn schon vorher abzusehen ist, dass von bestimmten Menschen mit Abweisung und Erniedrigung zu rechnen ist, ist jedes Sichzumuten fehl am Platze.

Als Mut brauche ich Grenzen. Diese Grenzen sind die Würde und Selbstachtung bzw. die Achtung anderer. Ich will in meinem Mut nicht über die Grenzen der Menschen gehen. Ich will als Zumutung keine beschämenden oder sonstigen grenzverletzenden Zumutungen anderer aushalten und auch selbst anderen nicht zumuten. Die Angst und die Würde sind also meine Vertrauten, meine Partnerinnen. Deswegen habe ich vor ihnen keine Angst. Ich fürchte mich eher vor der Haltlosigkeit und Maßlosigkeit. Dann verliere ich mich in der Leere und in der Gewalt und kenne mich selbst nicht wieder.

Neid

Was sagt man mir nicht alles nach: Ich würde Leute zerfressen oder gelb anlaufen lassen. Das dürfen Sie nicht glauben. Das ist nur die Ausnahme, die ich Ihnen später erklären werde.

Zuerst einmal bestehe ich darauf, dass ich nützlich bin. Wenn ein Kind neidisch darauf ist, dass ein anderes Kind für seine schulischen Leistungen gute Noten erhält und gelobt wird, wird es sich bemühen, mehr und besser zu lernen. Nicht immer, aber oft. Ich entstehe aus dem Vergleichen. Als Neidgefühl bin ich ein Ansporn, etwas zu erreichen, was andere schon haben. Darin bin ich nützlich.

Mein schlechter Ruf kommt nur daher, dass manche Menschen etwas neidvoll erreichen wollen, was sie gar nicht erreichen können. Einem Mann kann vielleicht gelingen, dass er das begehrte Auto der gleichen Marke wie das des Nachbarn sein Eigen nennt. Wenn er 1,60 m groß ist, kann er aber nicht bewirken, dass er wie der Nachbar auf eine Größe von 1,87 m wächst. Wünscht er es trotzdem, kann ich ihn zerfressen, wird er gelb vor Neid. Diese Differenzierung, was geht und was nicht geht, ist für mich lebenswichtig. Sind Menschen darin blind, schlägt mein Nutzen in Zerstörung um. Je mehr man mich nicht wahrhaben will und als menschliches Gefühl verachtet, umso subversiver arbeite ich mich in die Beziehung der Menschen untereinander hinein – denn dann muss ich schließlich um meine Existenz kämpfen.

Also differenzieren Sie bitte. Auch meinem Ruf zuliebe!

Panik

Manchmal steigern sich Menschen in mich hinein, manchmal überfalle ich sie ganz plötzlich. In jedem Fall überwältige ich sie und bin Herr allen Geschehens. Ich verschlucke all ihre klaren Gedanken, lasse sie hecheln oder ihren Atem stocken, bestimme ihren Blutdruck, ihr Nervensystem, ihre Muskulatur, einfach alles … Diese totale Macht reizt mich. Mich gibt es ganz oder gar nicht – ein bisschen Panik ist unmöglich.

Da ich so extrem bin und so total den gesamten Organismus fordere und mir unterwerfe, würden Menschen zusammenbrechen, wenn ich sie dauerhaft in meine Fänge bekäme. Deswegen bin ich nur für den Notfall da, für Situationen extremer Gefahr, für Situationen, die eigentlich aussichtslos sind und nur eine Chance der Bewältigung bergen, wenn alle Reserven in extremem Ausmaß mobilisiert werden. Das kann ich, dazu bin ich gut.

Als schlecht erleben es Menschen, wenn sie nicht mehr wissen, was ein wirklicher Notfall ist und was nicht. Manche haben traumatische Erfahrungen nicht bewältigen können, weil sie keine oder die falsche Hilfe erhalten haben. Die Panik der traumatischen Situation kommt dann immer wieder, wenn irgendetwas die Erinnerung an den Notfall auslöst.

Was das »Irgendetwas« ist, wissen die Menschen oft selbst nicht. Der unmittelbare, bewusste Zusammenhang mit der auslösenden Situation ist manchmal ganz verloren gegangen. Dann spüren sie mich in für andere Menschen harmlosen Situationen, wie zum Beispiel, wenn sie in einen Tunnel hineinfahren oder im Zug sitzen.

Wenn ich so oft gerufen werde, macht mir das keinen Spaß, weil ich dann meine Kräfte vergeude und nicht wirklich helfen kann. Auch die Menschen, die mich immer wieder rufen, vergeuden ihre Kräfte und brauchen dringend therapeutische Hilfe.

Was meine Existenz bedroht? Wovor ich Angst habe? Nur vor zweierlei: vor dem Greifen und vor dem Atmen. Wenn Menschen, die ich befalle, von anderen gehalten werden, wenn sie Bodenkontakt spüren, wenn sie selbst nach Hilfe greifen, dann löse ich mich auf. Wenn dann auch noch der Atem wieder ruhiger und fester fließt, dann fließe auch ich dahin.

Parteilichkeit

Ich weiß gar nicht, ob ich ein Gefühl bin, wahrscheinlich eher ein Befinden, eine grundlegende emotionale Einstellung und Haltung. Wenn ich einen erwachsenen Menschen erfülle, dessen Kind von einem anderen verprügelt wurde, dann sorge ich dafür, dass dieser Mensch erst einmal auf der Seite seines Kindes ist und das auch zeigt. Natürlich verhindere ich nicht, dass auch danach gefragt wird, ob das Kind vielleicht zu der Auseinandersetzung beigetragen hat – aber grundlegend bin ich das Gefühl und die Haltung, mich auf die Seite des Kindes zu stellen, Partei zu ergreifen.

Kinder brauchen mich. Kinder brauchen Parteilichkeit als Schutz und Unterstützung. Kinder brauchen es, dass man sich an ihre Seite stellt, statt sich herauszuhalten oder gar noch auf sie loszugehen mit Worten wie: »Was hast du denn wieder angestellt!« Wenn Kinder ungerecht behandelt oder durch Taten oder Worte zu Opfern wurden, brauchen sie jemanden neben sich. Dieser Jemand braucht gar nicht viel für sie unternehmen. Die Bereitschaft, für das Kind einzutreten, da zu sein, reicht zumeist schon.

Diesen Nutzen habe ich auch für Erwachsene. Auch sie können Opfer sein und brauchen jemanden an ihrer Seite, der für sie Partei ergreift. Sonst fühlen sie sich alleingelassen. Das Gefühl, im Stich gelassen zu werden, kann die Heilung der Schmerzen verzögern oder verhindern. Oft bewirke ich, wenn ich Menschen erfülle, tatkräftiges Handeln, das Opfern die Erschütterung mildert und ihnen den Glauben an die Menschen und sich selbst und an ihre Würde wiedergibt.

Angst habe ich davor, missbraucht zu werden für Erniedrigungen und Gewalt gegen Schwächere, und vor der Rohheit, die kindlichen oder erwachsenen Opfern das Mitgefühl versagt. Und ich fürchte mich vor der sogenannten »Objektivität«. Das kritische Abwägen von Schuld und Verantwortlichkeit hat sicherlich seinen Platz – aber erst nach dem Äußern von Parteilichkeit für die Opfer und auf der Grundlage der Parteilichkeit. Die sogenannte »Objektivität« schützt die Täter/innen und entzieht den Opfern das Mitgefühl.

Quengeligkeit

Ich nerve. Ganz gleich, ob man mich Quengeln oder Nörgeln nennt: Ich nerve. Manchmal nerve ich sogar die Menschen, die ich befalle. Sie lieben mich nicht (von einigen verschrobenen Gestalten einmal abgesehen), aber sie können nicht aus ihrer Haut bzw. aus ihrem Gefühl. Denn das bin ich.

Wenn ich einen Menschen überfalle und er sich quengelig fühlt, dann fühlt er sich unwohl, ohne benennen zu können, was ihm das Unwohlsein bereitet. Das Unwohlsein kann dann nicht in einen Ärger münden, sondern bleibt ein diffuses Unbehagen, das nach allen Seiten hin ausstrahlt. Oft liegt die Ursache darin, dass jemand mit einem Problem überfordert ist, oft darin, dass sich jemand alleingelassen fühlt, manchmal auch in einer Lust oder Sehnsucht, die nicht erfüllbar ist oder der nachzugehen man sich nicht erlaubt. Manchmal sind Menschen auch zwischen zwei Bedürfnissen hin- und hergerissen, sodass diese beiden sich neutralisieren und in einer quengeligen Stimmung enden. Dann trete ich auf den Plan.

Ich bin kein Monopol der Kinder, glauben Sie das nicht. Ich besuche Menschen jeden Alters. Bei Älteren werde ich, wenn ich sicht- bzw. hörbar werde, eher als Nörgeln bezeichnet, bei Jüngeren eher als Quengeln. Das ist mir egal. Quengeln passt allerdings besser, denn dieses Wort ist ursprünglich eine mundartliche Form des Wortes »zwingen«. Wenn jemand in einer quengeligen Stimmung ist, hat das ja auch etwas Zwanghaftes, denn er kommt nicht so einfach aus dieser Stimmung heraus. Und er zwingt seine Stimmung anderen auf. Eltern können ein Lied davon singen.

Wozu ich gut sein soll? Ist doch klar: darauf aufmerksam zu machen, dass etwas nicht stimmt. Die Menschen, die ich bewohne, und die Umgebung.

Wovor ich Angst habe? Dass jemand zu einem quengelnden Menschen geht, ihn in den Arm nimmt und fragt: Was ist denn los?

Rachegefühl

Ich komme zumeist mit dem Gerechtigkeitsgefühl gemeinsam daher. Nicht immer, aber meistens. Früher gab es nur mich, oder besser: waren Rache und Gerechtigkeit das Gleiche. Da gab es noch keinen Staat und keine Richter, keine Gesetze, nicht einmal religiöse. Für Gerechtigkeit zu sorgen hieß, Rache zu nehmen. Dazu musste ich stark sein.

Dann wurde ich immer mehr in ein Reservat gedrängt. Erst kamen die Götter mit den verschiedenen Namen und erklärten die Rache zu ihrer Angelegenheit. Dann kamen die Staaten und brachten den ganzen Zivilisationskram auf, mit Gesetzen, Gerichten usw. Aber ich war nicht ganz totzubekommen. Ich bin zäh. Auch das Gericht Gottes und all die Gesetze der Zivilisation können nicht das Gefühl von Ungerechtigkeit aus der Welt schaffen. Das entsteht immer wieder, überall dort, wo Menschen leiden. Und wenn sie stark leiden, dann trete ich auf den Plan, das Rachegefühl.

Ich bin da, um für Gerechtigkeit zu sorgen. Manchmal verwandeln mich Menschen in den Glauben an die göttliche Gerechtigkeit. Manchmal vertrauen sie auf Polizei und Justiz oder das »Schicksal«. Aber immer wieder passiert es, dass sie ihr Schicksal in die eigene Hand nehmen und mir freien Lauf lassen. Wozu gibt es die anonymen Anzeigemöglichkeiten bei den Finanzämtern? Die meisten Steuerbetrugsfälle werden durch Racheakte betrogener und/oder verlassener Ehefrauen und Freundinnen aufgedeckt. Das ist ihr Versuch, mit mir das Leiden und den Schmerz am Verlust auszugleichen.

Ich weiß ja, dass ich sehr aus dem Geheimen heraus operieren muss. Rache ist nicht »in«, tut aber gut. Deswegen gehen viele Menschen in Filme, in denen Rache an den Bösen geübt wird. Sie rächen nicht selber, sondern lassen rächen. Und deswegen lesen so viele Menschen Kriminalromane oder schauen die entsprechenden Fernsehserien. Da ist der Kampf um die Gerechtigkeit keine endlose bürokratische Maschinerie mit ungewissem Ausgang, da geht es konkret zur Sache, mit Guten und Bösen und dem Sieg der Gerechtigkeit. Manchmal, nur manchmal und auch nur für eine bestimmte Gruppe von Menschen, für eine bestimmte Szene oder Subkultur bin ich vorzeigbar: Wenn in gewissen Zeitungen zum Beispiel die »Rache für Cordoba!« beschworen wird – irgend so ein Fußballspiel vor vielen Jahren. Aber immerhin, mit alldem darf ich ein wenig in die Öffentlichkeit. Damit gebe ich mich ja schon zufrieden. Ich habe ja Angst, ganz ausgelöscht zu werden, deswegen operiere ich lieber im Geheimen. Aber ganz im Vertrauen: Im Grunde weiß ich, dass ich nicht ganz auszulöschen bin. Das könnte mir nur drohen, wenn es keine Gewalt und keine Erniedrigung mehr gäbe. Und dass das geschehen könnte, befürchte ich nicht wirklich – dazu kenne ich die Menschen zu gut.

Wenn Leuten großes Unrecht geschieht, tue ich ihnen richtig gut. Die Rache als Handlung ist ja verpönt, aber mir wenigstens in Gedanken ab und zu freien Lauf zu lassen kann guttun. Glauben Sie mir. Wie gesagt, ich bin ja bescheiden geworden. Auch im Reservat kann man sich einrichten.

Resignation

Ich bin der Grauschleier, der über der Seele liegt. Ich dämpfe alle Regungen und entziehe ihnen die Energie. Ich stimme alles Handeln eines Menschen auf Eintönigkeit ein und bestimme es.

Wer mir gut gesinnt ist, lobt mich, dass ich dafür sorge, dass Menschen keine Energie verschwenden, wo es sich nicht mehr lohnt. Manche bezeichnen mich dann als Gefühl des Scheiterns. Das ehrt mich zwar, aber ich will nicht unter falscher Flagge segeln und muss deshalb eingestehen, dass das nicht ganz zutreffend ist. Wenn sich ein Mensch ein Scheitern eingesteht, ob in der Liebe, bei einem Arbeitsprojekt oder im Kampf gegen eine Krankheit, dann ist das zweifellos sinnvoll, weil er dann seine Kräfte nicht verschwendet. Manchmal trete ich dann auf, doch meistens kommt die Trauer. Sie ist das Gefühl, das das Loslassen begleitet. Ich komme nicht so eindeutig und offen daher wie die Trauer. Meistens schleiche ich mich ein, bremse und dämpfe und ersticke und lähme die meisten Gefühle, auch die Trauer. Still bin ich auch, ein leises Seufzen ist das Lauteste, was Sie je von mir hören werden.

Nur selten entstehe ich aus dem Eingeständnis eines Scheiterns, meistens verbünde ich mich mit der sich einnistenden Hilflosigkeit und dem Gefühl der Leere. Wenn Menschen ohnmächtig und hilflos sind und nicht um Hilfe rufen, dann ist die Bahn für mich frei. Die Leere, die Menschen umgibt oder sie selber ausfüllt, lässt jedes Pulsieren ersterben und bereitet den Boden für mich, die Resignation, die das Gleiche bewirkt.

Angst habe ich vor dem Mut, vor allem dem Mut, sich anderen Menschen zuzumuten. Wenn ein Mensch sich anderen mitteilt und mit seinen Stärken und Schwächen zeigt, wie er ist, wenn dieser Mensch dann noch Mitgefühl erfährt und nicht ins Leere greift, sondern Antworten auf seine Fragen erhält und in Austausch geht, dann wird es Zeit für mich, mir einen neuen Arbeitsplatz zu suchen.

Rohheit

Meine Eltern sind das Gefühl der Gefühllosigkeit und das Machtgefühl. Ich fühle eigentlich nichts, vor allem kein Mitgefühl. Die Menschen, die ich bewohne, haben selbst nie Mitgefühl erfahren. Das Mitgefühl für ihr eigenes Leiden wurde ihnen ausgetrieben. Folglich haben sie auch kein Mitgefühl für andere und lassen diese leiden.

Beziehung zu anderen Menschen wurde von ihnen vorrangig oder ausschließlich als Machtkampf erfahren. Oben sein oder unten, gewinnen oder verlieren, leiden oder leiden lassen – das sind die Alternativen, die diese Menschen kennen und in denen ich mich bewege. Um zu siegen, brauche ich weder Angst noch Zorn, keine Trauer und erst recht kein Mitgefühl. Um zu siegen, brauche ich Gefühllosigkeit und Macht. Die Gefühllosigkeit ist der Boden, auf dem ich stehe. Das Machtgefühl ist der Kick, den ich brauche und den ich den Menschen gebe.

Meine Schwester ist die Einsamkeit. Nicht dass ich sie fühlen würde. Ich brauche nichts und niemanden. Aber der Einsamkeit bin ich verwandt, sie ist mir vertraut. Ich habe nie Nähe kennengelernt. Nur durch Schläge. Also schlage ich andere.

Wofür es mich gibt, weiß ich nicht. Vielleicht war ich mal gut, um gegen Säbelzahntiger zu siegen. Keine Ahnung. Aber diese ganze Fragerei nach Sinn und Nutzen interessiert mich auch nicht. Für so etwas verschwende ich keine Zeit.

Manchmal kommt so eine kleine Sehnsucht nach etwas anderem auf. Nach einem anderen Leben. Das ist nie greifbar, aber beunruhigend. Als ob Licht durch einen Spalt hindurch in mich hineinscheinen würde. Dann greife ich schnell zum Bier, dann wird es wieder dumpf und dunkel und gleichgültig in mir.

Scham

Beliebt bin ich leider nicht, man schämt sich sogar meiner. Dabei bin ich, die Scham, so normal wie die meisten anderen Gefühle und viel nützlicher als gewisse Nichtsnutze. Ich passe nämlich auf die Menschen auf, vor allem auf das Intime, das Innere, Vertraute, Verborgene, ganz Persönliche und Kostbare, auf ihren intimen Raum. Denn es ist für die Menschen wichtig, zu unterscheiden, wem sie ihre Intimität zeigen. Wenn sie sich in ihrer Intimität offenbaren, bewusst oder auch schon mal unabsichtlich, dann trete ich auf. Wie eine Warnsirene. Damit sie aufpassen! Dafür bin ich da – klingt doch gut, oder?

Wahrscheinlich kommt meine Unbeliebtheit daher, dass ich mich ein wenig unangenehm anfühle, nicht so prickelnd wie Freude oder Glück. Aber welche Alarmanlage klingt schon angenehm?! Wenn ich nur angenehm wäre, würde doch kein Mensch auf mich achten. Also muss ich heftig sein und deutlich spürbar, bis in die Gesichtsfarbe und in Veränderungen des Blutbildes hinein.

Am meisten schuldig an meinem schlechten Ruf ist meine Doppelgängerin: die Beschämung. Während ich als natürliche Scham auf die Menschen aufpasse, macht die Beschämung die Menschen fertig. Sie werden ausgelacht, beleidigt, gedemütigt, verachtet oder sonst wie abgewertet als Tollpatsche, als Streber/innen, als Behinderte, als Ausländer/innen, als zu schön oder zu hässlich, zu dies oder jenes usw. Wer Fehler macht oder irgendwie anders ist als die »Norm«, muss schnell Beschämung erdulden, wird vorgeführt und fertig gemacht. Das tut weh. Peinlichkeit ist eine Pein.

Das Dumme ist nur, dass sich die Beschämung genauso oder zumindest ähnlich wie ich, die Scham, anfühlt. Deswegen ist sie meine Doppelgängerin und die meisten Menschen können uns nicht auseinanderhalten. Erst wenn sie uns unterscheiden, können sie daran gehen, sich der Beschämung zu erwehren und sie an die Absender/innen zurückzuschicken. Erst dann lernen sie, mich zu schätzen.

Angst habe ich davor, dass die Grenzen der Intimität eines Menschen gewaltsam durchbrochen werden, zum Beispiel durch Gewalt, sei sie psychischer, physischer oder sexueller Art. Dann verschwinde ich ganz und der Mensch wird schamlos oder ich verwandle mich in eine starre Betonmauer, die gegen alles verteidigen soll, was von außen kommt – eben leider nicht nur gegen Gewalt und Beschämung, sondern ebenso gegen alles Liebevolle und Zärtliche. Beides, ob ich verloren gegangen bin oder mich betonfest machen musste, ist für mich schrecklich. Auch als Betonmauer bin ich ja verschwunden und kann meine Funktion nicht mehr erfüllen. Ich bin dann keine Scham mehr, sondern nur noch mein eigenes Denkmal. Beton eben.

Schuldgefühl

Ich habe viele Charaktereigenschaften und muss von mir selbst um der Wahrheit willen sagen, dass ich selbst nicht alle mag. Aber damit muss ich mich arrangieren – wie alle Menschen auch. Mit manchen meiner Ausprägungen tue ich dem Leben der Menschen einen guten Dienst. Aber ich kann auch Leute überschwemmen und ihr Leben bestimmen. Ich kann blind machen und Mauern zwischen Menschen errichten.

Dabei bin ich eigentlich ganz normal und vor allem bin ich wichtig. Jeder Mensch lädt Schuld auf sich, das gehört zum Leben. Und dann komme ich und sorge dafür, dass der Mensch sein schuldhaftes Verhalten bedauert und nicht wiederholt. Dass er sich, weil er mich fühlt, seiner Schuld stellt und tätige Entschuldung leistet. Dafür gibt es mich. Das ist mein Job.

Bei meiner Arbeit muss ich mich mit einigen Problemen herumschlagen. Ein Problem besteht dann, wenn Menschen mich als Bremse für schuldhaftes Handeln nicht akzeptieren. Sie leugnen mich und wehren mich ab, zum Beispiel mit Gefühllosigkeit oder Alkohol, ja, manche tauschen mich um gegen Rohheit und Jähzorn. Apropos Rohheit: Ich kann nur gut arbeiten, wenn meine Freundin, das Mitgefühl, mich begleitet und unterstützt. Schuldhaftes Handeln besteht oft darin, andere zu vernachlässigen, sie zu verachten oder ihnen Gewalt anzutun. Wer kein Mitgefühl für diese Menschen hat, kann sich auch nicht schuldig fühlen. Wenn also meine

Freundin aus einem Menschen auszieht (oder herausgeprügelt wird), dann habe ich auch keine Chance mehr. Davor fürchte ich mich.

Problematisch wird es auch, wenn ich nicht wieder gehen kann, weil manche Menschen mich nicht mehr loslassen. Sie suhlen sich in mir, ohne wirklich zu bedauern oder die Konsequenzen der Entschuldung zu ziehen. Sie differenzieren nicht zwischen ihrer Schuld und der anderer, nehmen nicht die Verantwortung für ihren Anteil an Schuld auf sich und entscheiden sich somit nicht für die Zukunft. In ihnen fühle ich mich oft eingesperrt.

Gar nicht leiden kann ich, wenn ich benutzt werde. Da werden Leuten von Mächtigeren, oft moralisch getarnt, Schuldgefühle eingeredet, nur weil sie gefühlvoll sind oder »unpassende« Gefühle haben, weil sie krank sind, weil sie arm sind, weil sie Sehnsucht nach einem anderen Leben haben, weil sie ihre Meinung sagen usw. Das ist ungeheuerlich. Das kann dazu führen, dass Menschen sich schuldig fühlen, weil sie existieren. In ihnen mache ich mich zwar dauerhaft breit, habe aber keine sinnhafte Aufgabe.

Noch ungeheuerlicher, noch mehr fehl am Platz, noch unglücklicher und paradoxer in meiner Existenz fühle ich mich, wenn ich ganz und gar den »falschen«, den unschuldigen Menschen bewohne. Da wird ein Mensch vergewaltigt und fühlt sich schuldig. Eigentlich muss sich der Täter schuldig fühlen. Viel lieber würde ich zu ihm gehen, um ihn von weiteren Schandtaten ab- und zur Entschuldung anzuhalten. Aber manchmal geschehen solch seltsame, mich selbst quälende Dinge, dass ich bei denen lande, die ich eigentlich beschützen will, weil die Täter/innen, unterstützt von Rohheit und Gefühllosigkeit, mir keinen Zugang gewähren wollen. Von diesen Opfern will ich so schnell wie möglich wieder weg. Dafür brauchen diese Menschen Hilfe, brauchen sie die Unterstützung anderer. Erfahrungsgemäß verschwinde ich nicht ganz, sondern bekomme einen bewussten Platz im Inneren dieses Menschen, wo ich mich erkannt und aufgehoben weiß und ihn nicht mehr überschwemmen oder lähmen muss. Damit kann ich leben und der Mensch auch.

Ich kann alle nur bitten: Schauen Sie genau hin! Überprüfen Sie den Charakter meiner Existenz. Lassen Sie mich meinen Job gut erledigen.

Sehnsucht

Ich habe tausend Gesichter. Mal bin ich die Kraft, die Berge versetzt, mal komme ich als kurz aufflackerndes Flämmchen daher. Manchmal bin ich verschämt und zeige mich nicht, ein andermal wieder offenkundig und tatkräftig das Leben der Menschen bestimmend. Oft bin ich nur rückwärtsgewandt, als Sehnsucht nach etwas, das früher da war und nicht mehr erreichbar ist. Manchmal auch richte ich mich glorifizierend und träumend in eine Zukunft, die so fern ist, dass sie unerreichbar scheint und manchmal ist.

Mein Daseinszweck ist die Veränderung. Die Menschen sehnen sich danach, dass ihr Leben oder etwas in ihrem Leben anders wird. Sie sehnen sich nach mehr Glück, mehr Sicherheit, mehr Wohlstand, mehr Erotik, mehr Abenteuer, mehr Freiheit – oder was auch immer. Als Gefühl der Veränderung brauche ich Anerkennung (verdient hätte ich, finde ich, sogar Liebe) und will nicht als »Träumerei« und »Spinnerei« abgetan werden. Und ich selber brauche Veränderung. Wenn ich ernst genommen werde, kann ich mich in das Wünschen verändern. Als Wunsch bin ich konkreter, als ich es im Sehnen war. Die Kraft des Sehnens bleibt im Wünschen, kann aber eher zu Taten führen und damit den Drang der Veränderung umsetzen.

Wovor ich mich fürchte? Vor Ignoranz und Miesepetrigkeit. Dieses »Das klappt ja doch nicht« kann ich nicht mehr hören. Es schwächt mich und ist sogar lebensgefährlich für mich.

Sich-fremd-Sein

Zumeist werde ich umschrieben. Die Menschen sagen zum Beispiel: »Ich stehe heute aber neben mir«, oder: »Ich bekomme mich nicht richtig mit.« Sich selbst fremd waren zumindest gelegentlich fast alle Menschen einmal. Doch der Worte dafür gibt es viele. Ich beneide die Trauer oder die Langeweile – für die gibt es eindeutige Bezeichnungen, für mich nur Umschreibungen und Beschreibungen.

Also wird es Zeit, dass Sie mich kennenlernen. Ich trete als gelegentlicher Zustand bei vielen Menschen auf. Dann bin ich ein Befinden, ein Grundgestimmtsein des Menschen, der nicht in sich zu Hause ist, der in seinem selbstverständlichen Sicherleben irritiert oder gestört ist. Wodurch auch immer: durch Erfahrungen von Leere, Überforderung oder Gewalt, durch unbewusste Gefühle, die sein Erleben blockieren, oder dadurch, dass fremde Gefühle anderer Menschen sich seiner bemächtigt haben. Oft erstrecke ich mich nicht auf das gesamte Befinden, sondern auf Teilbereiche, zum Beispiel auf alle Empfindungen und Gefühlsregungen, die mit Sexualität zu tun haben. Dies kann als Folge sexueller Gewalterfahrungen eintreten.

Wenn ich als gelegentliches Befinden auftrete, dann möchte ich ernst genommen werden. Ich rufe nämlich Unzufriedenheit und Unbehagen hervor, bin ein Zeichen, dass etwas in der Person nicht stimmt. Auch wenn ich mir damit selbst den Boden meiner Existenz entziehe: Dem kann und sollte man nachgehen, allein, mit Freund oder Freundin oder mit professioneller Hilfe. Wenn das nicht geschieht, kann ich zum Dauerbefinden werden und das Leben eines Menschen prägen. Und das empfindet er nicht als gutes Leben, das kann ich Ihnen versichern.

Wenn ich mich mal eingerichtet habe, möchte ich nicht aufgeschreckt werden oder umziehen müssen. Wenn die Menschen dann anfangen, ihrem Unbehagen nachzugehen und nachzuspüren, was in ihrem Leben zu viel oder zu wenig ist, wenn sie dafür auch noch einen Ausdruck finden, in Worten, Bildern oder Klängen, wenn sie Mitgefühl erfahren und sich in Beziehungen mit ihren Besonderheiten zumuten, dann bekomme ich Angst, dass ich verschwinde und an meiner Stelle meine Hauptkonkurrentin, das In-sich-Wohnen, einzieht.

Sorge

Meine Mutter ist die Liebe, mein Vater die Furcht oder die Angst. Nur wenn Menschen lieben, können sie sich um andere sorgen, können sie fürchten, dass es den geliebten Menschen schlecht geht oder ihnen Schlimmes widerfährt. Für Kinder und Kranke wird das Handeln, das ich hervorrufe, »umsorgen« genannt. Sie werden kümmernd und fürsorgend eingebettet. Mein Kern besteht aus dem Wunsch, anderen Gutes zu tun. Je ferner die anderen dann sind, desto mehr verlagert sich der Wunsch dahin, dass von anderen Unheil abgewendet werde.

Ich bin ein Gefühl, das sich in erster Linie auf andere Menschen bezieht. Je näher und je geliebter, desto mehr Sorge. Als elterliches Gefühl gegenüber den eigenen Kindern begleite ich lebenslänglich. (Wie schrecklich, wenn nicht.) Sicherlich wollen die Kinder mich irgendwann nicht mehr als elterliches Gefühl (»Das können wir schon alleine!«), ja, ich werde sogar lästig und »nerve« – aber ich bleibe. Ich verschwinde nur, wenn die Liebe vergeht.

Das, was ich Ihnen hier über mich erzähle, gilt für mich, in der der mütterliche Einfluss überwiegt. Ich nenne mich auch Fürsorge. Meine Zwillingsschwester ist mehr väterlicherseits geprägt. Sie hat keinen eigenen Namen (ich sage manchmal »Angstsorge« zu ihr). Sie ist zwar auch ein Kind ihrer Mutter, der Liebe, aber die Angst und Furcht überwiegen und machen den Menschen ein Nebeneinander von Sorgen und Vertrauen schwierig bis unmöglich. Für mich ist das kein Problem: Ein Vater kann zum Beispiel seiner Tochter vertrauen und sich gleichzeitig um sie sorgen. Wir, Vertrauen und (Für-)Sorge, kommen gut miteinander aus.

Schwierig wird es, wenn sorgende Menschen den Bezug zu konkreten Personen verlieren. Sicherlich, ich beziehe immer die Lebensumstände der Menschen mit ein, denen die sorgenden Gefühle gelten: Findet Monika einen Arbeitsplatz? Schafft Peter die Prüfung? Bleibt der Frieden? Doch manchmal wird aus der konkreten Sorge, die sich an einen Menschen richtet, der »Fürsorge«, ein allgemein sorgendes Befinden, das die Grundstimmung des sorgenden Menschen prägt. Ich schwebe dann über allem und jedem und sickere in jede Regung ein. Ich werde in diesem Fall zwar sehr mächtig und kann jedes andere Gefühl überschatten (»Die Sorge verdunkelt sein Gemüt«, sagt man in diesem Zusammenhang.), doch fühle ich mich dann unwohl. Ich verliere meine Identität, weiß nicht mehr, wer ich bin. Meinen Job, Menschen zum sorgenden Kümmern und zum Schutz anderer vor Gefahren anzuregen, kann ich dann nicht mehr ausfüllen.

Das mag ich nicht und davor fürchte ich mich genauso wie vor gefühllosem, kaltem Egoismus. Ich mag Wärme lieber.

Staunen

Ich brauche etwas, was mich lebendig werden lässt. Einen Sonnenaufgang oder das Lächeln eines Kindes, das Spiel der Seifenblasen oder das Genie eines Musikers … Der Anlass, der mich auf den Plan ruft, ist bei den verschiedenen Menschen unterschiedlich, gemeinsam ist die innere Haltung eines Menschen, die ich brauche, um als Staunen aufzutreten: eine Haltung der Achtsamkeit und Offenheit. Meine Grundlage und Voraussetzung ist ein achtsames Interesse. Wer etwas nicht wahrnimmt, kann mich auch nicht erleben. Und die Offenheit ist entscheidend: Wenn jemand staunt, dann nimmt er etwas in sich hinein. Der Sonnenuntergang, der Staunen erregt, wird in das Erleben aufgesogen. Der staunende Mensch gibt sich dem Sonnenuntergang hin und nimmt ihn gleichzeitig in sich auf. Er verleibt ihn sich ein.

Das ist auch der Sinn, warum es mich gibt. Ich bin dazu da, Wundersames aufzunehmen. Ohne mich gibt es keine Verwunderung und keine Wunder. Oft wird mir nachgesagt, ich käme immer mit der Überraschung zusammen. Aber wir sind kein Paar. Wir begleiten uns gelegentlich. Mehr ist da nicht dran. Viele Eltern, die ihr neugeborenes Kind schlafen sehen, staunen immer wieder über dieses Wunder, dass es das neue

Wesen gibt. Tag für Tag, Nacht für Nacht – ohne jede Überraschung.

Angst habe ich vor der Überfütterung der Menschen. Und vor dem Guinnessbuch der Rekorde. Wenn alles immer schneller, besser, höher gehen soll, gibt es für mich keinen Platz mehr. Die Rekordjagd im Sport endet nicht im Staunen, sondern im Doping. Früher staunten die Kinder im Zirkus. Heute höre ich von Kindern: »Das gab es im Fernsehen schon besser.« Früher staunten Reisende über die Schönheiten der Natur am Urlaubsort. Heute schauen viele nur noch durch die Kameras auf die Natur und vergleichen die Aufnahmen mit dem, was sie vorher im Internet gesehen haben. Vielleicht begann die Fotografiererei mit dem Versuch, mich, das Staunen, festzuhalten. Doch wer fotografiert, kann nicht mich, sondern bestenfalls die Anlässe festhalten. Und wenn er oder sie dann noch ganz viel Glück hat, dann bringen diese Bilder vielleicht wiederum andere Menschen dazu, mich zu empfinden. Aber ich verrate Ihnen wahrscheinlich kein Geheimnis, wenn ich Ihnen sage, dass diese Menschen dann oft nur so tun, als ob.

Doch ich gebe nicht auf. Alle Kinder kommen als Staunende zur Welt und viele behalten diese Fähigkeit bei. Auch Erwachsene, die das Staunen verlernt haben, können es wieder erlernen. Darauf setze und vertraue ich.

Trauer

Ich bin kurz und heftig. Ich kann aber auch nachtragend sein und jahrelang, manchmal ein Leben lang, einen Menschen erfüllen. Als »Bedauern« komme ich flüchtig, ja beiläufig daher oder ich ergreife die Macht über einen Menschen, sodass ich jeden Gedanken und jede Bewegung bestimme. Meistens pendele ich irgendwo dazwischen.

Ohne mich wären Beziehungen zu Menschen, Gegenständen oder anderem Wichtigem nur so lange etwas wert, wie sie andauerten. Ohne mich würde nichts und niemand bleiben. Ja, das verwundert Sie und kommt Ihnen widersprüchlich vor; aber so ist es: Ich bin das Gefühl, das zum Loslassen gehört, und weil es mich gibt, sortieren die Menschen beim trauernden Loslassen, was verloren geht und was bleibt – als bereichernde Erfahrung, als Erinnerung, als Begleitung in die Zukunft. Wenn es mich nicht gäbe, wäre jede Erfahrung »ex und hopp«. Wer mich nicht leben kann, kann nicht reicher werden.

Ja, ich schmerze. Und ich sorge, wenn ich angenommen werde, wie ich bin, dafür, dass der Schmerz aufhört (oder wenigstens erträglich wird). Die Tränen, die ich hervorrufe, schmelzen den Schmerz. Wer versucht, mich fernzuhalten, oder wer mich nicht wahrhaben will oder mich bremst und nicht zeigt, der bleibt im Schmerz stecken. Den bestrafe ich. Dann werde ich zu einem Dauerleiden, zu Starre, zu einer betäubenden Melancholie oder, wenn es gar zu schlimm wird, zum Gefühl der Gefühllosigkeit. Das will ich nicht und deswegen bitte ich darum, mich zu achten und mir Raum zu geben.

Angst, nein, Angst macht mir eigentlich niemand. Ich bin selbstbewusst genug, um zu wissen, dass kein Mensch mir endgültig ans Leben gehen kann. Angst vor mir müssen allerdings manche haben: die Coolen, die »Indianer-kennen-keinen-Schmerz«- oder »Jungen-weinen-nicht«- oder »Ich-bin-keine-Heulsuse«-Typen. Ich sorge dafür, dass sie mich nicht loswerden, dass ich mich in ihnen einniste und in ihnen bohre und rumore. Oft verwandle ich mich in andere Gefühle (natürlich in fiese) oder in körperliche Schmerzen. Von mir überzeugen möchte ich gerne die Leute, die zwar trauern, aber die Trauer nicht zeigen. Diese einsamen Trauernden haben zwar oft Angst, dass ich unendlich werde, wenn sie sich zu viel und zu öffentlich mit mir zeigen. Das ist natürlich ein gewaltiger Irrtum: Je mehr ich mit anderen Menschen geteilt werde, desto eher verschwinde ich oder besser: ziehe ich mich zurück und mache den Platz frei für Trost oder Erleichterung. Das mache ich gerne. Warum nur fällt es manchen Menschen so schwer, einzusehen, dass ich gerade dann, wenn ich nicht gezeigt werde, sondern im Verborgenen bleiben muss, mich dauerhaft einrichte. Ich mache es mir bequem und mein Gaststatus wandelt sich in lebenslanges Bleiberecht.

Trotz

Ich bin berühmt. Nach mir ist eine ganze Entwicklungsphase der Kinder benannt worden, die Trotzphase. Nicht, dass ich eitel bin, aber das tut schon gut. Leider ist der Preis meiner Berühmtheit, dass ich bekämpft werde. Völlig unberechtigt, aus widersinnigen Gründen.

Das muss ich Ihnen mal erklären. Also, zuerst einmal bin ich gar nicht darauf aus, wie der Ärger, die Wut, der Zorn und die anderen der aggressiven Bande etwas zu verändern. Nein, ich bin ganz bescheiden und sage nur: »Nein!« Aber das heftig. Ich komme zu den kleinen Kindern, die das wirksame Neinsagen noch nicht können. Also helfe ich ihnen. Natürlich sind sie manchmal ungeschickt. Ist doch klar, dass man am Anfang nicht gleich alles genau dosieren kann. Oft haben sie auch Spaß daran, ihre neu entdeckten Fähigkeiten auszuprobieren und zu testen, wie die anderen darauf reagieren. Übung macht den Meister.

Dass viele Eltern darauf gleich so beleidigt reagieren, verstehe ich nicht. Die Kinder müssen doch das Neinsagen lernen, sonst können sie auch nicht »Ja!« sagen. Wer in seinem Trotz gebrochen wird, dessen Ich wird sich nicht gut entwickeln können, dem fehlt die Voraussetzung, eigen-sinnig zu werden. Denn zu einem »Ja«, das nicht nur eine Anpassungsreaktion ist, sondern aus dem Herzen kommt, braucht das Kind auch die Möglichkeit, »Nein« zu sagen. Also zu trotzen.

Das Wort »trotzen« bedeutet ja auch, sich zu wehren. Man

kennt es aus der »Trutzburg«. Blöd ist es, wenn ich nicht anerkannt werde und mich nicht ein wenig austoben darf. Dann hält mich das Kind fest, auch wenn ich eigentlich schon zum Nächsten gehen möchte. Ich muss dann bleiben und bleiben und werde zum Dauerbrenner. Irgendwann werde ich dem Kind wahrscheinlich langweilig. Manche Kinder haben sich dann aber so sehr mit mir angefreundet, dass sie mich auch als Erwachsene immer wieder zu sich holen. Sie sind arm dran. Denn wie gesagt, so aktiv etwas verändern kann ich gar nicht, ich kann nur Nein sagen …

Allerdings wissen mich auch erwachsene Menschen, die mich näher kennengelernt haben, für manche Situation sehr zu schätzen. Sie haben erkannt, dass ich ihnen zumindest in einem ersten Schritt aus der Not helfen kann: Richten sich die Angriffe, die Pfeile der Verletzung durch einen anderen Menschen, gegen sie, so errichte ich eine Trotzburg um sie herum. Ich verschaffe ihnen damit eine Atempause, in der sie ihre Kräfte zum Sichwehren sammeln können.

Alles, was ich brauche, ist ein bisschen Spielraum. Man darf mich belächeln oder auch schon mal verscheuchen, wenn ich es zu bunt treibe. Aber bitte brecht mich nicht. Dann verzichte ich sogar auf meine Berühmtheit. Ich will doch nur spielen und zusammen mit anderen helfen, das »Nein« zu lernen.

Überraschung

Jedes Gefühl bewegt sich in einem zeitlichen Rahmen. Die Liebe entwickelt sich, der Ärger kommt und geht, der Zorn verfliegt usw. Jedes Gefühl hat eine zeitliche Dimension. Ich, die Überraschung, bin das Gefühl, das entsteht, wenn die Erwartungen, die mit dieser zeitlichen Dimension verbunden sind, gesprengt werden. Ich bin der Hinweis auf plötzliche Veränderungen und darauf, dass es anders kommt, als man denkt, dass das, worauf man sich emotional eingestellt hat, nicht oder anders eintritt.

Dann betrete ich den Plan, oft mit der Verwirrung im Schlepptau, und gebe den Menschen Gelegenheit, sich neu zu sortieren. Manchmal als positive Überraschung (»Huch, ich bin verliebt!«), manchmal auch als negative (»Ach, die Liebe ist weg!«).

Angst habe ich davor, inszeniert zu werden. Da schaffen Menschen Situationen, in denen andere Überraschungen erleben sollen, Geburtstagsüberraschungen oder Aprilscherze. Daraus entstehen so oft Druck, Krampf und Täuschung, dass ich Inszenierungen lieber einmal zu viel als einmal zu wenig kategorisch ablehne. Ich mag es nicht, wenn ich Gefahr laufen muss, im Gewand des Überfalls daherzukommen.

Dagegen bin ich ein Freund des Mutes. Menschen, die etwas wagen, die lange Zurückgehaltenes ansprechen, die scheinbar Unfragbares fragen oder sich anderen mutig mit ihren Wünschen und Forderungen zumuten, erleben positive Überraschungen. Also: Nur Mut, dann komme ich!

Verantwortungsgefühl

Das ist ja mal wieder typisch, dass das Schuldgefühl mich mit keinem Wort namentlich erwähnt hat. Das will mich ausgrenzen und zu einem Nichts machen, so große Angst hat es davor, dass ich ihm den Rang an Klugheit ablaufe. Ich bin nämlich sein größter Konkurrent.

Oft ersetze ich das Schuldgefühl, löse es ab. Ich bin das Gefühl, das Menschen haben, wenn sie Verantwortung übernehmen. Für manche bin ich selbstverständlich. Die meisten brauchen einen inneren Ruck, um sich bewusst zur Übernahme von Verantwortung zu entscheiden. Diesen Ruck bewirke ich und ich belohne diese Menschen dann damit, dass sie sich trotz aller Mühen, die verantwortliches Handeln mit sich bringt, auf die Schulter klopfen und so selbst besser akzeptieren können. Ein Ruck und eine Belohnung mit Selbstakzeptanz – das klingt doch gut, da sollte ich doch viel verbreiteter sein, als ich es bin, nicht wahr?

Leider kommt mir oft die Schuld in die Quere. Manche Menschen schauen nicht hin, wofür sie sich schuldig fühlen. Sie prüfen nicht, ob das Schuldgefühl zu Recht besteht oder nicht. Statt die Schuldgefühle, die sich nicht auf schuldhaftes Handeln beziehen, zum Teufel zu schicken und für das, wofür sie sich schuldig fühlen, die Verantwortung zu übernehmen, suhlen sie sich in Schuldgefühlen (das finde ich ehrlich gesagt ein bisschen ekelig) bzw. quälen sich (was mir besonders leidtut) mit Schuldgefühlen. Das Schuldgefühl behauptet zwar, dass es gern verschwindet, wenn es seinen Job getan hat. Aber glauben Sie ihm nicht. Es hat Angst vor Arbeitslosigkeit und krallt sich deshalb an jedem Job fest.

Ich bin da ganz anders. Ich bin das Gefühl des Handelns. Wenn ich als Verantwortungsgefühl auftrete, ermögliche ich, tatkräftig zu handeln. Ich bin sowohl für die Übernahme von Selbstverantwortung als auch für die Verantwortung in Bezug auf andere gut. Selbstverständlich geht das nicht unbegrenzt. Dass da manche Menschen weit übers Ziel hinausschießen, weiß ich wohl. Jeder Mensch kann sich nur verantwortlich für das fühlen, was er auch beeinflussen kann. Ich kann keine Verantwortungsübernahme dafür bewirken, dass es nicht regnet. Aber ich kann dafür sorgen, dass das Dach repariert wird und vor Regen schützt.

Verlorensein

Ich kann mich schlecht beschreiben, erst recht nicht genau definieren. Das brauche ich auch nicht. Mir genügt es, wenn mich die Menschen erkennen, wenn ich da bin. Ich werde nicht herbeigerufen oder gar herbeigesehnt. Niemand will mich. Und doch komme ich und bin einfach da. Anfangs werde ich kaum bemerkt, bleibe verschwommen und mache mich als emotionales Unwohlsein bemerkbar. Oft müssen Menschen, denen ich innewohne, erst gefragt werden, wie es ihnen geht, und müssen ernsthaft in sich hineinspüren, bis sie Worte finden und sagen können: »Ich fühle mich verloren.«

Die Konsequenzen können dramatisch sein. Die Menschen sind unruhig und treiben haltlos dahin. Oder sie versuchen mich mit Aktionismus zu überdecken oder im Alkohol zu ertränken. In jedem Fall höhle ich die Beziehungen der Menschen aus oder bremse sie in ihrer Fähigkeit, innige Beziehungen einzugehen. Ich sorge für viel Leiden, meistens ein Leiden, das wenig greifbar ist.

Und damit sind wir da, wo ich herkomme. Den Menschen, die sich verloren fühlen, fehlen Bindungen zu Einzelnen und fehlt Zugehörigkeit zu Gruppen. Sie haben oft ins Leere gegriffen. Wo jemand sein sollte, war niemand. Oder sie haben jemanden verloren und konnten oder durften nicht trauern. Oft haben sie sogar vergessen, dass sie etwas oder jemanden verloren haben – es bleibt nur das Gefühl des Verlorenseins.

Wenn sie aber anfangen, aus dem Verloren*sein* heraus die Frage zu stellen, was sie verloren *haben*, dann können sehr viele unterschiedliche Gefühle zum Vorschein kommen, die hinter meiner Wenigkeit lauern: die Trauer, der Zorn, die Angst, der Trotz und viele andere. Dann wird es aufregend, dann füllt sich die Leere. Dann können sie auch lernen, wieder nach Menschen und anderem zu greifen, was sie im Verlorensein meist verlernt haben. Dann können sie Verbindungen zu anderen Menschen aufnehmen und aus Verbindungen Bindungen und Zugehörigkeit schaffen.

Ich weiß, ich habe immer noch nicht die Frage beantwortet, wozu es mich gibt. Wenn ich die Antwort mal wusste, ist sie mir verloren gegangen. Vielleicht diene ich dazu, eine unaushaltbare Leere des Verlustes zu überdecken, zum Beispiel den Schmerz, als kleines Kind im Stich gelassen worden zu sein. Vielleicht bin ich dafür da, Menschen darauf aufmerksam zu machen, sich um Verbindungen und Zugehörigkeit zu kümmern. Vielleicht für alles gleichzeitig.

Verrat

Verrat ist eine Handlung und kein Gefühl, das werden Sie schon gemerkt haben. Eigentlich müsste ich also heißen: das Gefühl, verraten worden zu sein. Wäre ich unter diesem Stichwort hier aufgetreten, hätten Sie mich wohlmöglich nicht gefunden, oder? Ich bin ein Gefühl des Nachklangs, man kann sogar sagen: des langen Schattens. Ich folge der Tat, dem Verrat, als ständiger Schatten, der nicht abzuschütteln ist. Wenn ein Mensch verraten wurde, trete ich auf.

Einen Verrat zu begehen, das bedeutet, ein Versprechen zu brechen. Nicht irgendeines, sondern ein gewichtiges. Dabei muss nicht jedes gebrochene gewichtige Versprechen ein Gefühl des Verrats nach sich ziehen. Die Trennung von einem Eheversprechen kann als Verrat erlebt werden oder als Befreiung.

Das Versprechen, dessen Bruch als Verrat erlebt wird, muss nicht ausgesprochen sein, auch Handlungen sind ein Versprechen. Wer zum Beispiel ein Kind zeugt oder auf die Welt bringt, verspricht damit, für dieses Kind da zu sein, für es zu sorgen und es zu schützen. Geschieht dies nicht, fühlt sich das Kind verraten und ist verraten.

Ich bin zäh. Ich könnte jeden Marathonlauf gewinnen. Ich halte mich für das ausdauerndste Gefühl, für noch ausdauernder als die Liebe oder die Trauer. Und das will etwas heißen! Ich habe vor allem in Menschen, die früh und ohnmächtig der Erfahrung ausgesetzt waren, »verraten und verkauft« zu sein, meinen festen, untergründigen Stammplatz. Selbst wenn Menschen mich manchmal vergessen, ich bin noch da und bringe mich immer wieder in Erinnerung. Deswegen bin ich eine ständige Mahnung. Ich mahne nicht unbedingt zur Treue, auch, aber nicht nur. Ich mahne für vertrauensvolle Bindungen. Das ist entscheidend. Ich mahne gegen die Leichtfertigkeit im Umgang mit Versprechen. Ich mahne gegen die Täuschung und Verlogenheit. Ich bin ein Denkmal der Bindung.

Ich verrate Ihnen hier ehrlicherweise, dass Sie mich mit Wahrhaftigkeit außer Gefecht setzen können. Denn die Wahrhaftigkeit hält Menschen vom Verrat ab und sorgt dafür, dass, wenn doch einmal aufgrund irgendwelcher Lebensumstände der Bruch eines Versprechens unausweichlich wird, dies in ehrlicher Begegnung geschieht. Dann tritt statt meiner die Trauer auf, aber nicht ich, nicht das Gefühl, verraten worden zu sein.

Vertrauen

Kleine Kinder kommen mit mir auf die Welt. Sie vertrauen ihrer Umwelt und wenden sich vertrauensvoll anderen Menschen zu. Man spricht von mir als etwas ganz Ursprünglichem und nennt mich dann Urvertrauen. In mir vereinen sich Gefühle der Geborgenheit, der Verbundenheit und Verbindlichkeit, der Zuversicht und der Selbstverständlichkeit. Ich werde verantwortlich gemacht – und lasse mich gerne verantwortlich machen – für die Beziehungs- und Liebesfähigkeit eines Menschen und seine Entwicklung von Selbstvertrauen. Leider gehe ich vielen Kindern und erst recht Erwachsenen verloren oder werde von meinen Feinden vertrieben.

Meine Feinde sind zahlreich. Der Verrat gehört dazu, der lang anhaltende Auswirkungen des Misstrauens hat. Auch sexuelle Gewalt und andere Gewalterfahrungen, Verachtung und Missachtung führen dazu, dass ich durch meinen Antipoden, das Misstrauen, ersetzt werde. Wenn Menschen in ihren intimen und persönlichen Grenzen massiv verletzt wurden, wie sollen sie mich bewahren können? Als ursprüngliches, jedem Menschen innewohnendes Gefühl gehe ich da verloren. Sogenannte »Erziehungssprüche« oder »Lebensweisheiten« wie »Du darfst niemandem vertrauen« oder »Vertraue nie einem Mann« tun ein Übriges.

Ich werde unter diesen Umständen zwar vertrieben, aber ich kann eine zweite Chance bekommen. Das ist zwar mühsam und schwierig, aber man kann mich wiedergewinnen.

Dazu braucht es Mut, dazu müssen Menschen sich trauen. Vertrauen kommt von »trauen«. Sie brauchen den Mut, sich anderen zuzuwenden und das Risiko einzugehen, sich zu öffnen und sich zuzumuten. Wenigstens ein bisschen und mit den Menschen beginnend, die Sympathie genießen und bei denen die Erfolgswahrscheinlichkeit am größten sind. Dann komme ich wieder.

Ich kann Ihnen nur sagen: Es lohnt sich.

Verzweiflung

Ich bin das Gefühl, wenn nichts mehr geht. Das Gefühl der ausweglosen Situation. Ich bin dazu da, dass verzweifelte Menschen um Hilfe rufen – nein: nach Hilfe schreien. Mehr gibt es eigentlich nicht über mich zu sagen, als dass jeder, der mich spürt, laut schreien muss. So laut es geht.

Doch leider bleiben die Menschen oft stumm. Weil sie es so gelernt haben und weil ihre Hilferufe unerhört blieben. Weil sie beschämt worden sind, wenn sie zweifelten. Wenn sie im Entweder-oder der Gefühle und Entscheidungen stecken geblieben sind und keine Hilfe bekommen haben, ihren eigenen Weg der Lösung zu finden. Weil sie überhaupt verstummt sind oder ihnen Bestrafungen angedroht wurden, wenn sie um Hilfe rufen wollten.

Vor dieser Stummheit fürchte ich mich, denn dann habe ich keine Chance, meine Aufgabe zu erfüllen. Sicherlich scheitere ich manchmal auch dann, wenn ich für laute Hilferufe sorge und niemand reagiert. Nur, dann habe ich es wenigstens versucht. Jeder Versuch ist es wert.

Wirksamkeit/Unwirksamkeit

Wir gehören wie das Interesse zu den herumgeisternden Gefühlen, die zwar jeder Mensch hat, die aber niemand kennt oder gar als Gefühl bezeichnen würde. Dass es uns gibt, bemerkt man erst dann, wenn wir abhandenkommen. Wenn eine Person das Gefühl hat, unwirksam zu sein, dann ist der Teufel los. Dann sinkt das Selbstbewusstsein in den Keller, dann breiten sich Resignation und Elend aus. »Ich kann machen, was ich will, nichts gelingt«, und: »Ich kann sowieso nichts bewegen«, stöhnen die Menschen dann. Da wäre es doch angemessen, uns, die wir die Menschen bewohnen, auch zu kennen, meinen Sie nicht auch?

Wir sind als Wirksamkeit/Unwirksamkeit ein unzertrennliches Paar. Kinder sind von Anfang an darauf aus, die eine von uns zu päppeln. Sie wollen wirksam sein. Sie wollen sich bemerkbar machen und die Flasche oder die Brust bekommen. Sie wollen sich umdrehen und nach dem Spielzeug greifen. Sie wollen aufstehen und einen Klang hervorrufen … Wenn ihnen das gelingt, fühlen sie sich wirksam. Wenn sie scheitern, fühlen sie sich unwirksam. Das fühlen sie und man sieht es ihnen an. Wenn ich, das Gefühl der Wirksamkeit, ein Kind besuche, bringe ich es zum Strahlen. Als Gefühl der Unwirksamkeit (manchmal sagt man übrigens auch Frust zu mir) bringe ich es zum Knatschen oder Toben.

Wir beide, Wirksamkeit und Unwirksamkeit, gehören auf immer zusammen; wir sind eins. Niemand darf uns trennen, das ist unsere größte Angst. Würden wir nur als Wirksamkeit existieren, würden die Menschen das Scheitern nicht kennen, dann könnten sie daraus nicht lernen, sondern würden größenwahnsinnig und eitel werden. Wenn wir nur als Unwirksamkeit in einem Menschen existierten, würden wir von ihm Besitz ergreifen und ihn lahmlegen. Das passiert manchmal bei Kindern und Jugendlichen. Wenn nicht nur das eine oder andere, das sie tun, unwirksam bleibt, sondern alles, dann verliere ich, die Unwirksamkeit, meine Lebenspartnerin und damit jede Hoffnung und Sinnhaftigkeit. Ich werde als Unwirksamkeit zum alles bestimmenden Grundgefühl und lande immer bei sinnloser Gewalttätigkeit, entweder gegen andere oder gegen die Person selbst, in der unbewussten verzweifelten Hoffnung, doch noch irgendetwas bewirken zu können.

Würde

»Die Würde des Menschen ist unantastbar« – so steht es geschrieben. Doch das ist unwahr. Sie sollte unantastbar sein, doch sie ist es nicht. Die vier großen Geißeln Gewalttätigkeit, Erniedrigung, Beschämung und Missachtung kämpfen gegen die Würde und versuchen sie zu zerstören. Doch ich, das Gefühl der Würde, halte dagegen. Ich lasse mich nicht vernichten, sosehr auch diese Geißeln darauf aus sind.

Denn ich habe Verbündete: die Liebe, die Sehnsucht, den Eigensinn, ja eigentlich fast alle Gefühle. Menschen, die ihre Gefühle und die anderer würdigen, fühlen auch Würde, die eigene und die anderer. Verbündete zu haben ist wichtig, auch für die Menschen, die ihre Würde verteidigen. Allein sind sie oft zu schwach, allein verlieren sie. Sie brauchen andere Menschen, die solidarisch sind. Sie brauchen andere, die sie bestätigen. Ich als Würde brauche die Resonanz anderer, die mir zeigt: Ja, es ist gut, dass du da bist, dass es dich gibt.

Eigentlich bin ich ja selbstverständlich, aber durch die vier Geißeln ist diese Selbstverständlichkeit infrage gestellt. Welche Macht sie haben, zeigt jede Tagesschau, offenbart jede Zeitungslektüre. Dass ich mich vor den vier Geißeln fürchte, brauche ich ja nicht besonders zu betonen.

Aber etwas anderes möchte ich betonen, meine Wichtigkeit nicht nur als (Über-)Lebenselixier der Menschen, sondern auch als Kompass bei kniffligen Entscheidungen. Wenn Menschen manchmal nicht weiterwissen und sich fragen, wonach sie sich entscheiden sollen, dann mach ich mich bemerkbar und sage: Geh den Weg der Würde! Entscheide dich so, dass du deine Würde am deutlichsten, aufrichtig, spürst! Oft hören sie auf mich.

Wut

Ich bin die große Schwester des kleinen Ärgers. Ich kann ganz schön heftig sein. Heftig, ja, das ist ein gutes Stichwort. Wenn einen Menschen etwas heftig verletzt, dann trete ich auf und lege los. Den ganzen Körper ergreife und mobilisiere ich, denn um heftige Angriffe oder Bedrohungen abzuwehren, brauche ich viel Energie. Wenn ich dann in Aktion bin, brauche ich manchmal einige Zeit, um mich wieder zu beruhigen. Ist die Energie erst einmal mobilisiert, muss sie ja irgendwohin. Wenn sie sich ausgetobt hat, dann bin ich noch nicht weg, sondern bleibe noch ein bisschen. Man weiß ja nie, ob ich noch gebraucht werde. Ich muss erst sicher sein, dass die Bedrohung weg ist, dann gehe ich meines Weges.

So hilfreich ich bin, so schlecht ist mein Ruf. Das liegt daran, dass ich manchmal erblinde. Ich bin ja geschaffen worden, um die Kraft der Urmenschen zu mobilisieren, wenn sie gegen die Säbelzahntiger und andere Feinde um ihr Leben kämpfen mussten. Da ging es um alles oder nichts und es blieb keine Zeit, um die Streifen auf dem Fell der Tiger zu zählen. Also schau ich manchmal nicht so genau hin. Dann können auch Leute etwas von mir abbekommen, die gar keine Bedrohung sind. Das will ich ja nicht, aber das kann schon mal passieren.

Ganz schlimm überarbeitet bin ich, wenn Menschen mich für ihr Unglück benutzen. Sie rufen mich ständig, indem sie mir vorgaukeln, die ganze Welt sei eine Bedrohung für sie. Und schlagen dann in meinem Namen um sich. Dabei wissen sie oft gar nicht mehr, warum sie überhaupt wütend sind und worauf. Ich beziehe dann in ihnen ein Dauerappartement, statt nur auf Besuch zu kommen. Meist fehlt ihnen der sichere Zugang zu ihrem inneren Kern, von dem aus sie bewerten können, ob ich gebraucht werde oder nicht. Glauben Sie mir, manchmal tun sie sogar mir fast leid, weil ich ihnen nachfühlen kann, was da in ihrer Lebensgeschichte schiefgelaufen sein mag. Meistens nämlich mussten sie erleben, dass ich oder auch alle, zumindest aber ganz viele meiner Gefühlsgeschwister ins Leere gegangen sind, dass wir weder gesehen noch gehört, geschweige denn ernst genommen worden sind.

Probleme habe ich auch mit den Wutopfern. Das sind Menschen, die in ihrem Leben unter dem Wüten anderer Leute gelitten haben und sich deshalb geschworen haben, dass sie niemals wütend werden wollen. Sie sind mir immer noch angenehmer als diejenigen, die mich ständig für ihr Wüten benutzen, ohne dass ich meinen eigentlichen Job machen kann, gegen Bedrohungen zu helfen. Doch schön ist es für mich nicht, prinzipiell unerwünscht zu sein. Ich versuche sie dann manchmal von meiner Notwendigkeit zu überzeugen, indem ich dafür sorge, dass sie oft anderen Menschen begegnen, die gegen sie wüten, und hoffe, dass sie darüber wütend werden. Aber das hilft meistens nicht. Sie ziehen sich dann noch mehr von mir zurück. Leider kann ich ihnen dann gegen die Bedrohungen nicht helfen.

Das sind auch die beiden Lebensbedingungen, vor denen ich Angst habe: Dauergast oder völlig unerwünscht zu sein. Bei beiden darf ich meinen Job nicht machen und ich arbeite doch so gern. Die Bedrohung durch einen Chef, einen prügelnden Ehemann oder sonstigen Säbelzahntiger abzuwenden, das macht mich stolz.

Zorn

Ich bin im Grunde das gleiche Gefühl wie die Wut, deswegen brauche ich mich nicht zu wiederholen. Wenn ich nicht so blind bin wie manchmal die Wut, dann sagt man eher Zorn zu mir. Wenn ich als Zorn bezeichnet werde, dann weiß ich, wogegen ich mich richte, wohin ich die Energien, die ich mobilisiere, schleudere.

Aber meistens werden wir beide, ich, der Zorn, und mein Kumpel, die Wut, durcheinandergeschmissen. Das ist schon okay, man gewöhnt sich daran …

Zufriedenheit

Ich bin das Gefühl, das Menschen signalisiert, dass es gut ist. Dass sie satt sind. Dass sie Frieden geben und inneren Frieden haben können. Ein wichtiges Signal.

Wenn ich in Menschen einziehe, ist Gelegenheit zu friedlicher Ruhe. Zumindest für eine friedliche Pause.

Doch immer weniger Menschen hören auf mich. Ja, viele lassen mich gar nicht in sich hinein. Immer mehr muss erreicht werden, immer maßloser sind die Ziele der Manager und die Wunschzettel der Kinder, die Versprechen der Werbung und die Träume vom Glück. Und immer schneller muss alles gehen, Tempo, Tempo, da ist keine Zeit für mich, die Zufriedenheit, die anzeigt, dass das Maß voll ist und Gelegenheit für eine friedliche Pause.

Immer wieder mal werde ich diskriminiert: Da werde ich verwechselt mit Spießertum, Desinteresse, Egozentrismus und dickem Bauch. Das finde ich gemein und ungerecht.

Gelegentlich fürchte ich, ich würde zu den Gefühlen zählen, die vom Aussterben bedroht sind. Deswegen bitte ich Sie: Retten Sie mich! Halten Sie inne und geben Sie mir eine Chance! Eine Belohnung ist Ihnen sicher, denn ich bin ein wohliges Gefühl.

Zugehörigkeit

Zu wem gehöre ich? Wer gehört zu mir? Solche Fragen stellen sich immer mehr Menschen. Wenn sie beantwortet werden können, dann stelle ich mich ein, das Gefühl der Zugehörigkeit.

Früher wurden diese Fragen seltener gestellt, da war ich den meisten Menschen so selbstverständlich, dass sie darüber gar nicht nachgedacht haben. Sie gehörten zu einer Familie und zu einer Religion, zu einem geliebten Menschen und zu einem Volk, zu einer regionalen Landsmannschaft und zu einer sozialen Schicht oder Gruppe. Die Kriege, die Globalisierung, die Patchworkfamilien und andere Faktoren haben viele soziale Bezüge der Menschen ebenso durcheinandergewirbelt wie manche ihrer seelischen Befindlichkeiten. Die Selbstverständlichkeit, mit der ich Menschen innewohne, ist vielen dahin.

Dabei werde ich doch so sehr gebraucht und fürchte nichts mehr, als ignoriert zu werden. Heranwachsende wussten immer schon und wissen es noch heute, dass sie mich brauchen, um ihre Identität, um das unverwechselbar Eigene, zu entwickeln. Also fühlen sie sich zum Beispiel den Fans von Schalke 04 oder anderen Sportvereinen, den Anhängern einer Jugend-Subkultur, ihrem Pferd oder einer Band zugehörig, um die Zugehörigkeit zur Herkunftsfamilie durch eine andere Zugehörigkeit abzulösen. Auch viele Erwachsene befinden sich auf der Suche nach Zugehörigkeiten.

Ich beanspruche keine Exklusivität der Zugehörigkeit zu einer bestimmten Gruppierung. Das würde bedeuten, nur als sozialer Begriff zu existieren. Ich bin aber auch und vor allem ein Gefühl und das verträgt die Zugehörigkeit zum Golfklub *und* zur Familie *und* zur Nachbarschaft *und* zu den Tangotänzern usw. Alles zusammen erzeugt mich, das Gefühl der Zugehörigkeit. Ich werde manchmal auch als Gefühl der inneren Heimatlichkeit bezeichnet, denn wer mich spürt, wohnt in sich. Werde ich besonders stark und beziehe atmosphärisch eine sorgende Umgebung mit ein, werde ich zur Geborgenheit. Gehe ich verloren, verwandele ich mich in mein Gegenteil, das Gefühl des Verlorenseins.

Das geschieht leider viel zu oft. Davon kann das Verlorensein erzählen. Nur vor einem muss ich Sie unbedingt warnen: vor der Ignoranz. Wenn Menschen meinen, sie hätten Zugehörigkeit nicht nötig, dann ist das ein Pfeifen im Walde, mit dem sie schnell beim Verlorensein landen. Und das tut mir wirklich herzlich leid.

Zuversicht

Ich bin ein sehr liebenswürdiges Gefühl und weiß mich von vielen Menschen geliebt und gewürdigt, zumeist auf recht stille, unspektakuläre Art und Weise. Ich habe meinen eigenständigen Platz in der Landschaft der Gefühle und spüre gleichzeitig eine tiefe Verbundenheit mit meinen Schwestern Hoffnung und Sehnsucht.

Was ich an mir trotz aller Bescheidenheit einzigartig finde, ist, dass ich mich einem Menschen, der sich in einer dunklen, hoffnungslosen Lebenslage befindet, über einen anderen Menschen mitteilen kann. Ich weiß nicht, ob Sie mich verstehen. Deshalb versuche ich, mit einem Beispiel auszudrücken, was ich meine: Wenn einem Menschen die Sehnsucht abhandengekommen ist, dann hilft ihm die Sehnsucht der anderen nicht. Ein sehnender Mensch kann nicht sagen: »Ich sehne mich für dich.« Wenn einem Menschen die Hoffnung abhandengekommen ist, dann hilft ihm die Hoffnung der anderen wenig. Ein hoffender Mensch kann zwar sagen: »Ich hoffe für dich.« Aber das hilft nur, wenn daraus ein »Ich hoffe mit dir« wird, also schon etwas Hoffnung vorhanden ist. Aber als Zuversicht bin ich mitteilbar und teilbar. Ein Mensch kann sagen: »Ich lasse dich teilhaben an meiner Zuversicht.« Und ich springe über und schaffe Vertrauen in eine bessere Zukunft.

Dabei muss ich mich mit meinen Feinden auseinandersetzen: der Resignation, der Hoffnungslosigkeit, dem Gefühl der Gefühllosigkeit, dem Schrecken, der in den Gliedern sitzt. Ich habe viele Feinde, aber ich fürchte sie nicht. Sie haben mehr Angst vor mir als ich vor ihnen. Ich bin halt immer zuversichtlich.

Die Grammatik der

Gefühle

Vom Sinn und Nutzen der Gefühle

Wenn ein Mensch in seinem Schmerz versinkt und die Trauer ihn blind macht für all das, was in seinem Leben erfreulich ist, wenn der Jähzorn unkontrollierbar aufsteigt und Menschen verletzt, die man gar nicht verletzen möchte, wenn die Angstgefühle jemanden nachts aus dem Schlaf reißen – dann sind Gefühle oft eine als sinnlos schmerzhaft empfundene Last.

Doch wenn die Trauer hilft, von etwas Vergangenem loszulassen, wenn der Zorn auf jemanden, der uns verletzt hat, bewirkt, dass wir uns diese Person vom Leib halten, wenn die Angst uns vor einem Unfall bewahrt – dann sind die Gefühle sinnvoll.

Und die Lust am und im Fühlen macht auch Sinn, denn sie ist gespürte Belohnung und Antrieb zugleich.

Gefühle machen Sinn. Besser ausgedrückt: Sie machen in der Regel Sinn, auch wenn sie zu Leiden führen und Ausdruck von Leiden sein können.

Wie sind Gefühle in den Gesamtorganismus eingebunden?

Die Fähigkeit, zu fühlen und zu erleben, ist immer schon vorhanden, sobald wir lebendig werden. Die phänomenologische Philosophie, der wir uns verbunden fühlen, benutzt dafür den Begriff »Leib«. Dieses Wort stammt vom indogermanischen »lib« und bedeutet »Leben«, »lebendig«. Der Leib, der sich und seine Welt erlebende Mensch, ist die Grundlage, auf der sich Gefühle und ähnliche Regungen entwickeln. Bevor wir ein Gefühl bemerken, war es schon da.

Gefühle gehören zu den »unwillkürlichen Lebensvollzügen« (Fuchs 2008, S. 97) wie Atmen, Gehen, Weinen usw. Wir können sie insoweit beeinflussen, als wir auch unser Atmen und Gehen beeinflussen können. Doch in der Regel atmen und gehen wir so unwillkürlich, wie wir fühlen.

Unser Leib ist immer schon da und wir können ihn bewusst erleben.

Unser Atem fließt, unabhängig von unserer Aufmerksamkeit, ebenso sind die Gefühle Teil unseres Leibes, unserer Lebendigkeit, und wir können sie achtsam spüren. Dies zu wissen ist wichtig. Denn Gefühle sind nicht nur die dramatischen Spitzen unseres Erlebens, nicht nur der Tränenschwall, der Zornesausbruch oder die Liebeserschütterung. Gefühle sind immer da, sind auch klein und unscheinbar, können unbewusst bleiben oder durch Achtsamkeit erspürt werden. Das achtsame Erspüren von Gefühlen kann wiederum Rückwirkungen auf das Fühlen selbst haben und Gefühle verstärken oder abschwächen.

Gefühle ohne Körpererleben gibt es nicht. Sie sind immer mit körperlichen Aktivitäten, und seien es noch so schwache und kaum bemerkbare, verknüpft. Diese Verbindung zeigt sich in zahlreichen Redewendungen: Der Zorn rast, die Furcht ist beklemmend, der Neid nagt an jemandem, die Trauer zerreißt das Herz usw. Angst und Enge haben den gleichen Wortstamm. Gefühle verändern den Atem und das vegetative Nervensystem und rufen Veränderungen im gesamten Körper hervor. Manchmal spürbar, oft unmerklich – wobei die Folgen sich nach Jahren zeigen können. Es gibt keine Gefühle ohne Körper, deswegen wird der Körper auch als »Bühne der Gefühle« bezeichnet (Damasio 1997, S. 213). Der Körper ist aber nicht nur passive Bühne, sondern es gibt Rückkopplungen zwischen den körperlichen und den emotionalen Aspekten der Lebendigkeit. Vielen Menschen helfen zum Beispiel Atemübungen oder Joggen gegen zu starke Ängste oder andere emotionale Überforderungen.

Die Gehirnforschung hat das limbische System im Gehirn als die Region identifiziert, die bei emotionalen Regungen besonders aktiv ist. Sie ist nicht die einzige Region, aber sie ist offensichtlich die für Gefühle besonders zuständige Schaltstelle im Gehirn. Doch Gefühle damit auf Aktivitäten des limbischen Systems zu reduzieren wäre ein Fehlschluss. Liebe ist *auch* eine Aktivität des limbischen Systems, aber *auch* eine Aktivität anderer Teile des Gehirns und vor allem ein Ausdruck einer Beziehung zweier oder mehrerer Menschen, ein körperliches Zugewandtsein und vieles andere mehr. Angst ist auch eine Erhöhung des Pulses, aber auch viel mehr, ein Prozess, der den ganzen Körper ergreift bzw. ergreifen kann, das gesamte Erleben in Fleisch und Blut. Ich liebe oder ängstige mich, ich als ganzer Mensch, nicht ein Teil meines Gehirns, nicht eine Funktion meines Körpers.

Ausgehend von solch einem Verständnis der Gefühle, gilt es nun der Frage nachzugehen, welchen Sinn die Existenz von Gefühlen hat.

Lebewesen ohne Gefühle reagieren auf äußere Reize unmittelbar: Nahrung bedeutet Fressen, Bedrohung bedeutet Kämpfen oder Fliehen usw. Solche unmittelbaren Reaktionen haben Menschen und andere Lebewesen mit Gefühlen (wie zum Beispiel Hunde) auch, aber sie bestimmen nicht allein unser bzw. deren Verhalten. Gefühle ermöglichen ein differenzierteres Verhalten, differenzierte Reaktionen und verhelfen damit zu größeren Überlebenschancen in einer komplexen Umwelt.

Diese These über den grundlegenden Nutzen der Gefühle wird verständlicher, wenn wir einzelne sinnstiftende Aspekte der Emotionen genauer betrachten. Dazu ist es wichtig, zu untersuchen, was Gefühle bewirken:

Gefühle regulieren Beziehungen zu anderen Menschen.
Sie kann man als »soziales Organ« bezeichnen.

Bei manchen Gefühlen ist offensichtlich, dass sie sozialen Bezügen entspringen. Das Schamgefühl kann in einer Beschämungserfahrung wurzeln, die Angst in einer Bedrohung. Neid und Eifersucht können aus Vergleichen mit anderen entstehen, Zorn und Hass Reaktionen auf das Verhalten anderer sein.

Bei anderen Gefühlen stehen eher die Wirkungen auf das Sozialverhalten im Vordergrund. Wer sich verloren fühlt, kann sich zurückziehen oder schaumschlagend auftrumpfen und so tun, »als ob«. Wer hilflos ist, kann aggressiv um sich schlagen oder erstarren.

Auch die Gefühle, deren Quelle in Beziehungen zu anderen offensichtlich ist, bewirken differenzierte Veränderungen des Gerichtetseins zu anderen. Die Scham bewirkt Rückzug, Angst führt zu Vermeidung. Liebe zieht zu jemandem hin, Zorn verändert, Hass vernichtet, Freundschaft verbindet usw. Gefühle sind also nicht in einem Menschen isolierte Regungen. Es gibt kein Gefühl ohne den anderen.

Gefühle verhelfen zu Bewertungen.
Das limbische System im Gehirn ist bei jeder Entscheidung beteiligt, ganz gleich, ob es darum geht, was ein Mensch wahrnimmt, was er mag oder was er tut. Die Trennung zwischen Kognitivem und Emotionalem hat sich als ein Märchen herausgestellt. Es gibt kein Denken ohne Gefühle. Bei jeder Bewertung, die ein Mensch vornimmt, bei jeder Entscheidung, die er trifft, sind Gefühle beteiligt.

Besonders deutlich wird dies beim Interesse. Ob ich mich für etwas interessiere und wofür ich mich interessiere, das ist ein wesentlich emotionaler Prozess.

Oft sind solche Bewertungen nicht so bewusst wie bei der Entscheidung, ob ich diese oder jene Frau, diesen oder jenen Mann heirate, doch wirksam sind sie immer.

Bei einigen Menschen wurde der präfrontale Cortex, eine Gehirnregion, durch Unfälle zerstört. Damit ist eine wesentliche Verbindung zwischen limbischem System und den Regionen unterbrochen, die eher beim kognitiven Denken aktiv sind. Diese Menschen können weitgehend genauso rational denken wie andere Menschen, sie orientieren sich aber nur an unmittelbarer Effektivität – und dies maßlos –, ohne Wertmaßstäbe zu haben. Gerechtigkeitsgefühle sind unbekannt und es gibt keine Bremsen gegen Gewalttätigkeit. Moral braucht also Gefühl (Breuer 2007).

Gefühle stoßen Entscheidungen an,
vor allem spontane Entscheidungen.

Meine Angst und mein Schrecken helfen mir, beim Geräusch quietschender Bremsen dem Auto auszuweichen. Da reagiere ich emotional und spontan, denn ich habe keine Zeit, nachzudenken und das Für und Wider abzuwägen. Das können Gefühle: spontane Entscheidungen bewirken. Meine Freude über das Geschenk führt zu einem Strahlen und einer Umarmung, mein Ärger über die kränkende Bemerkung meines Kollegen bewirkt, dass ich mich von ihm zurückziehe. Solche spontanen gefühlsgeleiteten Reaktionen können häufig beobachtet werden. Auch wenn in vielen gesellschaftlichen Bereichen, vor allem der Berufswelt, heute spontane gefühlsgeleitete Handlungen verpönt sind, so ist das eher ein Ausdruck gesellschaftlicher Normen oder existierender Ängste vor Spontaneität und Emotionalität als Beschreibung der Wirklichkeit.

Selbstverständlich können Gefühle auch über das Spontane hinaus lang anhaltende Wirkungen hervorrufen bzw. Verhalten lang andauernd beeinflussen. Der Hass kann ein ganzes Leben bestimmen, ein Schuldgefühl kann die Triebkraft sein, jahrzehntelang mit einem Partner zusammenzuleben, den man nicht mag. Wie bei den spontanen Entscheidungen haben Gefühle hier eine Anstoßqualität. Sie stoßen Entscheidungen zu Verhalten an, dessen Auswirkungen unterschiedlich lang sein können. Das vernünftige, planende Denken braucht Zeit und Raum. Beides ist bei spontanen Entscheidungssituationen nicht vorhanden. Wenn Zeit und Raum für vernünftiges, planendes Denken vorhanden sind, bieten Gefühle den leiblichen Grund und beeinflussen die Richtung des Denkens. Die Ingenieure berechnen die Konstruktion einer tragfähigen Brücke über den Fluss. Die Sehnsucht, den Fluss überqueren zu können, gab den Anstoß dazu, überhaupt mit dieser Arbeit zu beginnen.

Gefühle regulieren Intensität.
Wenn ich eine Arbeit erledige, wird das Arbeitsergebnis auch davon abhängen, ob ich mit Freude oder mit Widerwillen arbeite. Wenn mein Interesse schwach ist, werde ich anders handeln, als wenn mich Sehnsucht und Leidenschaft erfüllen. Den kleinen Ärger kann ich vielleicht äußern und damit loswer-

den oder eher beiläufig abtun. Die große Wut bedarf intensiverer Beschäftigung, sonst wird sie folgenreich gegen mich selbst umgelenkt werden. Ob ich jemanden mag oder von tiefer Liebe zu jemandem erfüllt bin, bewirkt unterschiedliches Erleben. Gefühle beeinflussen die Erregung und regulieren die Intensität meines Erlebens und meines Handelns.

Gefühle ermöglichen Prozesse.
Sie entscheiden darüber, was wichtig genug ist, dass sich ein Mensch erinnert. An die meisten Treppen, über die ein Mensch gegangen ist, wird er sich nicht mehr erinnern. Die große Treppe am Montmartre, die das Liebespaar während der Flitterwochen in Paris bestiegen hat, wird ebenso unauslöschlich in Erinnerung bleiben wie die Treppe, die jemand hinuntergefallen ist. Die Gefühle des Glücks (in Paris) und des Schreckens (beim Sturz) sind Marker der Erinnerung.

In die aktuellen Erfahrungen zum Beispiel des Treppensteigens fließen solche Erinnerungen mit ein. Die Sorge vor einem erneuten Sturz kann zu einem zukunftsbeeinflussenden Handeln führen, indem an der Haustreppe ein Geländer angebracht wird. Gefühle spannen so Bögen von der Vergangenheit in die Gegenwart und von der Gegenwart in die Zukunft. Sie ermöglichen und gestalten prozesshaftes Erleben.

Diese große Bedeutung unserer Emotionalität findet Ausdruck in der Aussage, dass Gefühle »Kern unseres subjektiven Erlebens« sind (Fuchs 2008, S. 137).

Begrifflichkeiten

Wir sehen keinen Sinn darin, eine inhaltliche Unterscheidung zwischen Gefühlen und Emotionen, wie sie manche Autoren vornehmen, zu treffen. Deswegen benutzen wir beide Begriffe mit der gleichen Bedeutung. Wenig hilfreich für das Verständnis der Gefühlswelt finden wir auch den in der Fachliteratur häufig benutzten Begriff der Affekte, mit dem zumeist emotionale Handlungen bezeichnet werden, manchmal auch Triebe. Wegen der inflationär unterschiedlichen Bedeutungen und weil Affekte als emotionales Handeln manchmal den Gefühlen gegenübergestellt werden, benutzen wir diese Bezeichnung nicht. Wir entscheiden uns stattdessen für den Begriff affektive Leibregungen. Leibregungen, wie wir im vorherigen Kapitel bereits beschrieben haben, sind Regungen des Erlebens, affektive Leibregungen sind Regungen, in denen sich im weitesten Sinn emotionales Erleben äußert. Wir unterscheiden innerhalb der affektiven Leibregungen zwischen Befinden, Stimmungen und Gefühlen. Hinzu kommen Atmosphären sowie Erregungen, die mit den affektiven Leibregungen nah verwandt sind.

Im vorliegenden Text, im Abc der Gefühle und in ihrer Grammatik, machen wie diese begriffliche und inhaltliche Unterscheidung nur da, wo wir sie für nötig halten. Ansonsten erlauben wir uns, den Begriff Gefühl sehr weit und offen zu handhaben.

An dieser Stelle allerdings wollen wir den o.g. Unterscheidungen innerhalb der affektiven Leibregungen unsere Aufmerksamkeit widmen, weil wir meinen, dass sie die Grammatik der Gefühle um sinnvolle Aspekte bereichert.

Beginnen wir mit dem *Befinden.*

»Wie geht es Ihnen?« Diese Frage mag oft eine oberflächliche Floskel sein. Wird sie ernst gemeint, fragt sie nach dem generellen leiblichen Befinden. Der Philosoph Hermann Schmitz bezeichnet das Befinden als »ganzheitliche leibliche Regung«, die »den spürbaren Leib durchzieht« (Schmitz 1989, S. 43). Man kann sich wohl befinden oder verdrießlich, frisch oder müde, munter, nervös oder beschwingt sein – immer durchzieht das Befinden den gesamten »spürbaren« Leib.

Im Befinden ist, wie das Wort es sagt, ein räumlicher Aspekt enthalten. Der Begriff »Befinden« enthält nicht nur die Frage: »Wie befinde ich mich?«, sondern auch die Frage: »Wo befinde ich mich?« Mit dem *Wo* ist nicht die äußerliche Lokalisation gemeint (Bergstraße 13, Flur, zwei Meter von der Eingangstür entfernt …), sondern der Standort im Raum des Erlebens. Das Befinden äußert sich auch in Beschreibungen des Zustands, in dem sich ein Mensch erlebt: Ich bin »niedergedrückt« oder »angespannt«, ich fühle mich »fremd« oder »könnte die ganze Welt umarmen« – eng und weit, gespannt, gelöst, lebendig, ruhig, beunruhigt usw.

Das Befinden ist so etwas wie ein emotionaler Boden, auf dem sich Gefühle differenziert entfalten können. Dazu bedarf es der Beweglichkeit des Befindens. Wenn ein Mensch sich eingeengt oder bedrückt fühlt, dann kann dies ein festgefahrener Zustand sein, in dem er feststeckt. Wird aus dem Zustand ein Prozess, kann aus dem »Eingeengtsein« ein Engen und Weiten entstehen und vielleicht die Sehnsucht nach weiteren Spiel- und Lebensräumen erwachsen. Das »Bedrücktsein« kann zu einem Prozess werden, in dem klar wird, worin der Druck besteht, und sich in Ärger auf diejenigen verwandeln, die Druck ausüben.

Zwischen dem Befinden und den Gefühlen sind die *Stimmungen* angesiedelt. Das Befinden ist die allgemeine ganzleibliche Regung, auf der sich die konkreteren Stimmungen entfalten. Der Melancholie begegnen wir in der Therapie oft als Stimmung, ebenso der unbestimmten Sehnsucht und Langeweile, der Wehmut und der Heiterkeit sowie dem Übermut. Für ein Gefühl ist die Stimmung nicht konkret genug und zu wenig gerichtet. Gefühle richten sich auf Personen oder beziehen sich auf konkrete Situationen, Stimmungen bleiben diffus, können die Umgebung anstecken, in den Raum hinauswabern. Eine Angst kann zum Beispiel ein konkretes Gefühl sein, das sich auf bestimmte Situationen richtet, sie kann aber auch als ängstliche Stimmung diffus herumgeistern. Fuchs redet davon, dass Stimmungen »das Erleben in bestimmter Weise einfärben« (Fuchs 2000b, S. 217). Die Stimmungen sind wie das Befinden nur selten bewusst, und wenn, dann oft nur am Rande. Sie beeinflussen zumeist das konkrete Erleben und Leben, ohne klar in den Vordergrund zu treten. »Stimmungen bilden so gleichsam die Grundschicht oder den Boden, auf dem sich die stärker bewegten und spezifisch gerichteten Gefühle erheben.« (Fuchs a. a. O., S. 217)

Gefühle werden schon seit Jahrtausenden in der Poesie beschrieben und in der Musik besungen. Gefühle sind immer eingebettet in Stimmungen und Befinden und in andere leibliche Regungen, zum Beispiel Erregungsverläufe oder das Körpererleben; sie äußern sich oder werden gebremst durch Gedanken, Leitsätze, Werte und Normen. Wegen der Einbettung der konkreten Gefühle in die Landschaft des Erlebens reden wir gern von Gefühlslandschaften, in denen sich einzelne Markierungspunkte erheben, zum Beispiel Liebe, Angst, Wut, Trauer, Eifersucht usw.

Befinden, Gefühle und Stimmungen betreffen eher den Raum unseres Leibes, *Atmosphären* eher den Raum um uns herum, den Umraum bzw. die Lebenswelt. Menschen können aus einer Stimmung heraus Atmosphären verbreiten. Die Langeweile eines jungen Mannes kann ausstrahlen und die ganze Umgebung nerven. Die Ängstlichkeit der Mutter kann die anderen Familienmitglieder unter Druck setzen, der aufwallende Jähzorn des Vaters eine Atmosphäre der Einschüchterung und der Anspannung schaffen.

Umgekehrt wirken Atmosphären nach innen, beeinflussen Befinden, Stimmungen und Gefühle sowie andere Regungen des Erlebens. Eine Atmosphäre der Leere, die einen Menschen in seiner Kindheit und Jugend umgab, ruft bei diesem auch später noch das Befinden hervor, sich fremd zu fühlen und nicht in sich zu wohnen. Eine Atmosphäre der ständigen Angst steckte eine Klientin an und verunsicherte sie grundlegend. Eine Atmosphäre des Drucks und der Spannung, die ein junger Mann jahrelang in seiner Kindheit und Jugend erfahren hatte, machte ihn eng und lässt für ihn die Enge und das Eingeengtsein zur Selbstverständlichkeit werden. In unserer therapeutischen Arbeit begegnen uns häufig die Folgen solcher Atmosphären, und es ist wichtig, sie als von außen kommend und bestimmend zu identifizieren, um sich mit ihnen und den Menschen, die sie verursachen, auseinandersetzen zu können.

Atmosphären können Gefühle dämpfen oder fördern. Atmosphären haben ebenso wie Befinden, Stimmungen und Gefühle Einfluss auf die *Erregungen* der Menschen.

Dass Menschen unterschiedlich erregt sind, ist ein bekanntes Phänomen. Vertraut sind wir auch damit, dass Menschen zu unterschiedlichen Erregungsverläufen neigen (»immer unter Dampf«, »himmelhoch jauchzend und dann wieder zu Tode betrübt«, »kocht immer auf Sparflamme«). Ein Erregungsverlauf kann darin bestehen, dass Gefühle wie Ärger oder Freude lange zurückgehalten werden und dann plötzlich »explodieren«.

Manchmal wiederholen sich solche Erregungsabläufe und verfestigen sich so sehr, dass Menschen sie nicht abstellen oder irgendwie verändern können, sosehr sie dies auch wollen. Wir sprechen dann begrifflich genauer von Erregungskonturen. Wenn wir Sätze wie folgende hören, sind fast immer Erregungsverläufe bzw. -konturen gemeint, wenn auch nicht wörtlich benannt: »Alles, was ich mache, ist flüchtig. Ich kann mich nicht lange auf etwas konzentrieren, auch meine Beziehungen zu anderen Menschen sind nur flüchtig«, »Ich habe große Schlafprobleme, wache jeden Morgen um fünf Uhr mit großem Schrecken plötzlich auf. Ich kann dann nicht mehr einschlafen, obwohl ich müde bin«, »Ich steige immer gleich viel zu intensiv in ein Gespräch ein – ich möchte auch mal einfach plaudern können«.

Erregungsverläufe und -konturen – und das ist ein weiteres besonderes Merkmal – sind transkonkret, wiederholen sich also jenseits des konkreten Anlasses und Inhaltes der Erregung. Unsere Erregung kann plötzlich ansteigen, ganz gleich, ob uns ein Freund mit einem liebevollen Geschenk überrascht oder ob er unerwartet eine Verabredung absagt. Natürlich ist der konkrete Inhalt der Erregung nicht unwichtig – ganz im Gegenteil, einmal freuen wir uns und einmal ärgern wir uns –, doch der Erregungs*verlauf* kann der gleiche sein.

Als Säuglinge haben Menschen noch nicht gelernt, Gefühle differenziert wahrzunehmen bzw. auszudrücken. Sie sind aber von Geburt an in der Lage, Erregungsverläufe wahrzunehmen, wobei diese Erregungen immer emotionale Aspekte haben. Ob sich die Mutter lange und ruhig dem Säugling zuwendet und dann plötzlich abbricht oder ihre Nervosität sich in hoher Erregtheit und ständigen kleinen Unterbrechungen des Kontaktes äußert, immer sind Erregungsverläufe und emotionaler Kontakt miteinander vermischt. Daniel Stern, der »Großmeister« der Säuglingsforschung, nennt diese Art des Erlebens »Vitalitätsaffekt«. »Der Säugling nimmt diese Qualität in sich selbst wie auch im Verhalten anderer Menschen wahr ... Der Säugling taucht in diese ›Vitalitätsgefühle‹ ganz und gar ein.« (Stern 1992, S. 84)

Diese frühen Erfahrungen sind eine Grundlage dafür, dass Gefühl, Stimmung und Befinden immer in wechselwirkender Beziehung mit Erregungen stehen: Sie können Ausdruck von Erregung sein und sie können Erregungsverläufe beeinflussen, Erregungen also verstärken, dämpfen oder abbrechen. Wir haben für Gefühle unterschiedlicher Erregungsniveaus unterschiedliche Bezeichnungen, so unterscheiden wir zwischen Ärger und Zorn, zwischen Interesse und Sehnsucht. Deswegen gehören Erregungen in das »Landschaftsbild« der Gefühlswelten.

Zwölf grammatikalische Regeln der Gefühle

Wir beobachten auf einem Spielplatz das Gespräch zwischen einer Mutter und ihrer dreijährigen Tochter. Die Tochter ist traurig und weint. Die Mutter sagt: »Du hast gar keinen Grund, traurig zu sein. Hör auf zu weinen!« In dieser kleinen Begebenheit prallt das Gefühl der Tochter, die Traurigkeit, mit dem Vernunftargument der Mutter zusammen. Und noch etwas prallt auf- bzw. gegeneinander: das Erleben des Kindes auf die scheinbar objektive, aber dieses Erleben ignorierende Beurteilung der Mutter. Das ist keine große, sondern eine alltägliche Geschichte, so selbstverständlich, dass uns das Verbot, bestimmte Gefühle auszudrücken, kaum mehr schmerzlich auffällt. Nach der Logik des Verstandes kann man, muss man für alles, was wir Menschen tun, einen Grund finden bzw. haben. Die Grammatik der Gefühle schert sich nicht um diese Logik, sie folgt anderen Regeln. Diese Regeln möchten wir hier vorstellen. Wir behaupten nicht, sie vollständig zu kennen, das wäre vermessen. Die hier beschriebenen grammatikalischen Regeln entstammen unseren Beobachtungen und Untersuchungen, wir begegnen ihnen täglich in unserer therapeutischen Praxis.

Regel eins: Gefühle sind maßlos

Zwei Menschen treffen sich und klagen sich gegenseitig ihr Leid über den Verlust ihres Partners. Es entsteht – erst unmerklich, dann immer offenkundiger – eine Art Wettstreit darüber, wessen Leid größer ist und wessen Schmerz heftiger sein darf. Doch wie kann man Schmerz vergleichen?

Zwei Verliebte haben ihren ersten Streit. »Du liebst mich nicht so sehr wie ich dich …« »Doch, natürlich lieb ich dich so sehr, ja, noch mehr. Ich liebe dich viel intensiver, deswegen brauche ich das nicht alle fünf Minuten auszusprechen …!« usw. Doch wie ist Liebe zu messen?

Einem Kind ist ein Spielzeug kaputtgegangen. Es ist traurig und weint. Die Mutter tröstet. Das Kind ist immer noch traurig. Die Mutter gibt dem Kind ein neues Spielzeug. Es ist immer noch traurig. Die Mutter: »Jetzt reicht es aber mit der Traurigkeit. Jetzt ist es aber genug.« Doch wer kann ermessen, wann es »genug« ist mit der Traurigkeit?

Offenkundig lehrt uns die Alltagserfahrung, dass es für die Innenwelt der Gefühle keine objektivierbaren Messlatten gibt. Offenkundig ist das Maß der Gefühle radikal subjektiv – also sollten wir dies als eine Regel der emotionalen Grammatik akzeptieren. Auch wenn andere Menschen immer besser zu wissen scheinen, wie viel Gefühl denn nun angemessen ist – unsere Gefühle sind nicht messbar, nicht vergleichbar, nicht quantifizierbar. Gefühle sind von ihrem Wesen her maßlos.

Allerdings unterliegt der emotionale Ausdruck, wie eben schon erwähnt, den Maßregelungen der Gesellschaft oder sozialer Subkulturen. Spürbare Emotionalität bei finanziellen Verhandlungen zwischen Managern gilt als schlimmer als Mundgeruch, an vielen Arbeitsplätzen gelten Menschen, die häufig Gefühle zeigen, als instabil und überfordert. Auch ein fehlender oder gedämpfter Ausdruck von Gefühlen kann als Regelverstoß gelten. Wer inmitten des Torjubels in einem Fußballstadion ungerührt sitzen bleibt, wird ebenso schräg angesehen wie Teilnehmer/innen mancher Selbsterfahrungsgruppen, die nie zum Taschentuch greifen.

Die Widersprüchlichkeit zwischen dem maßlosen Charakter der Emotionalität und sozialen Normen und Erwartungen, zwischen Innen- und Außenwelt, führt häufig zu Kränkungen und Leiden. Jede Regelung der Gefühle und ihres Ausdrucks ist eine Maßregelung – unabhängig davon, ob gut oder schlecht, einengend oder notwendig, sinnvoll oder unnötig: Dessen sollte man sich innerhalb der eigenen Gefühlswelt und gegenüber der anderer bewusst sein.

Manchmal leiden Menschen an der Maßlosigkeit ihrer Gefühle bzw. an dem Ausdruck ihrer Gefühle, den sie als »über alle Maßen« erleben (vgl. hierzu auch Kap. 5: »Wenn Gefühle überschwemmen«), ohne dass sie sich dazu von ihrer Umwelt, von sozialen Normen und Werten, gedrängt fühlen oder gedrängt werden. Eine Frau fühlt sich zum Beispiel über alle Maßen von ihrem fast erwachsenen Sohn gekränkt und missachtet, weil er zum wiederholten Mal seinen Müll nicht wegbringt, sondern ihn ihr hinterlässt. Sie schreit ihn an, wie verantwortungslos er sei, dass er sie wie einen Putzlappen behandle, dass sie schon lange wisse, dass er sie verachte, und und und. Sie gerät immer mehr »außer sich«. Seine Reaktion: »Nein, ich verachte dich doch nicht. Nimm es doch einfach als meine Schlampigkeit. Tut mir leid«, »hört« sie erst richtig im Nachhinein, kann seine Aufrichtigkeit erst deutlich spüren und fühlen, als sie sich beruhigt hat. Da sie mit sich und ihrem Verhalten, das sie selbst nach ihrem eigenen Maßstab als zutiefst unangemessen und ungerecht empfindet, unglücklich ist, kommt sie mit therapeutischer Unterstützung Aspekten ihrer Lebensgeschichte auf die Spur, die ihren Zorn mit Verachtung und Lächerlichmachen gespeist haben.

Ihr half der Satz der Therapeutin: »Ihr Sohn kann schon etwas für Ihr Gefühl des Zorns; er ist ohne Zweifel, finde ich, mit seinem Verhalten verantwortlich für ihren Zorn. Er gibt den Anstoß, den Anlass dazu. Es ist kein Jähzorn aus dem Nichts heraus. Aber wofür er nichts kann, wofür er nicht verantwortlich ist, das ist das Ausmaß Ihres Zorn.« Mit dieser Unterscheidung konnte die Klientin sich gut verstanden und einverstanden fühlen. Und ihr Sohn, mit dem sie darüber sprach, auch.

Regel zwei: Gefühle brauchen keinen Grund, allenfalls Anlässe

Nehmen wir ein Beispiel: Ein Mann sitzt beim Frühstück, isst Rühreier, trinkt Orangensaft und Kaffee und liest die Zeitung. Plötzlich wird er traurig und ist darüber verwundert. Womit kann diese Traurigkeit zusammenhängen?

Vielleicht hat dieser Mann sich am Abend vorher über seine Freundin geärgert und mit ihr gestritten. Vielleicht erinnert ihn die Situation, dass er alleine frühstückt, an seine Angst, dass es mit beiden nicht mehr »klappt«. Vielleicht spürt er gegenwärtige oder drohende Einsamkeit und damit verbundene Traurigkeit.

Vielleicht hat der Mann in der Zeitung die Meldung vom Tod eines Kindes gelesen und ist berührt davon. Vielleicht entstehen in ihm Bilder seiner Tochter aus erster Ehe. Vielleicht spürt er dabei einen Hauch von Sehnsucht nach ihr und die Angst, sie zu verlieren, und die Trauer, dass er sie vielleicht schon verloren hat, und auch Trauer um sich, einen Mann ohne Familie.

Vielleicht rufen die Rühreier in dem Mann Assoziationen an seinen Amerikaaufenthalt vor 15 Jahren hervor. Vielleicht gab es damals jeden Morgen Rühreier und Schinken und Orangensaft und Kaffee mit dem Gefühl von Ungebundensein. Vielleicht ist er jetzt traurig darüber, dass es diese Freiheit und das Ungebundensein nicht mehr gibt, stattdessen Gebundensein, Arbeit, Trott.

Einer dieser drei angenommenen Zusammenhänge kann zutreffen, vielleicht aber auch zwei oder gar alle drei oder noch etwas ganz anderes, das ungreifbar in der Atmosphäre liegt. Hier ist es wie so oft: Es gibt keine eindeutig zuzuordnenden Ursachen für ein bestimmtes Gefühl, und doch gibt es Zusammenhänge zwischen dem Gefühl und der gegenwärtigen und vergangenen oder der zu erwartenden Lebenssituation. Wir halten es deshalb für passender, von Anlässen und Signalen statt von Ursachen und Gründen zu reden, wobei manche dieser Anlässe und Signale identifiziert werden können, während andere im Dunkeln bleiben.

Oft spüren Menschen Gefühle oder nehmen sie bei anderen wahr, für die sie keine Ursachen im Sinne der formalen Logik finden. Dies führt dann dazu, dass sie diese Gefühle nicht ernst nehmen oder nicht ernst nehmen dürfen. Es heißt zum Beispiel: »Du hast ja gar keinen Grund, dich zu schämen, also stell dich nicht so an!«, oder: »Was hab ich denn nur mit meiner Sehnsucht. Mir geht es doch gut. Ich hab doch gar keinen Grund dazu, etwas anderes zu wollen!« Manchmal erscheinen Gefühle überfallartig wie aus heiterem Himmel – und doch voller Kraft und Heftigkeit. Manchmal können ganz unerwartet Anlässe und Signale Gefühle hervorrufen: ein gewisser Duft, eine bestimmte Körperhaltung im Schlaf, eine beiläufige Berührung usw.

Nach der formalen Logik muss alles seinen Grund haben, jede Wirkung hat eine Ursache. Und wenn etwas keine Ursache hat, dann ist nach dieser Logik ein Geschehen wie ein

Gefühl »grund-los« und damit unvernünftig und sinnlos. Die Grammatik der Gefühle ist anders. Gefühle brauchen keinen Grund. Und ganz gleich, ob es möglich ist, Anlässe und Zusammenhänge für bestimmte Gefühle zu erkennen oder nicht, Gefühle sind in jedem Fall ernst zu nehmen. Sie leiten ihre Existenzberechtigung aus der Tatsache her, dass sie da sind. Und wenn wir Menschen darauf vertrauen, dass sie berechtigt sind, dann führen sie uns oft auf eine Spur, uns und unsere Lebenswelt umfassender zu erkennen und ernst zu nehmen.

Regel drei: Gefühle haben mehrdimensionale Wirkungen

Ziel der Logik ist es, bestimmbare Ursachen mit eindeutigen Folgen zu verknüpfen. Gibt es schon bei den Ursachen der Gefühle oft Probleme der Bestimmbarkeit, so treffen wir auf ähnliche Unklarheiten bei den Wirkungen. Gefühle haben Wirkungen. Doch wenn wir überprüfen, welche Wirkungen Gefühle erzielen, dann stellen wir fest, dass diese nicht eindeutig, sondern mehrdimensional sind. Das heißt: Gefühle haben Wirkungen in mehrere Richtungen gleichzeitig und wirken in unterschiedlichen Dimensionen.

Nehmen wir wieder ein Beispiel: Eine Frau streitet sich mit ihrem Freund. Sie ist zornig. Dieses Gefühl hat Wirkungen in verschiedenen Dimensionen. Einige wollen wir beispielhaft aufzeigen.

Eine Wirkung ist die, die auf sie selbst zielt, auf ihr Selbstgefühl: »Ich bin zornig.« Dieses Selbstgefühl kann wiederum verschiedene Konsequenzen haben. Vielleicht macht sich der Gedanke breit: »Das darf ich nicht«, und die Frau schämt sich. Oder mit der inneren Gewissheit: »Wenn ich zornig bin, werde ich bestraft«, entsteht Angst. Oder es entwickelt sich das Selbstgefühl: »Ja, ich bin zornig, und das ist auch gut so!«

Das zornige Gefühl der Frau hat auch Auswirkungen auf ihre Wahrnehmung, insbesondere darauf, wie sie sich selbst und ihren Freund wahrnimmt. Durch das Gefühl des Zornes sind ihre Wahrnehmungserwartungen in besonderer Weise gefiltert und geprägt. Das, was sie an ihrem Freund zornig macht, zum Beispiel dass er am Tage vorher eine Verabredung nicht eingehalten hat, steht so im Vordergrund, dass sie an ihm nur noch Unzuverlässiges und Abweisendes wahrnimmt. Auch bei ihrer Selbstwahrnehmung stehen Ärger, Erregung und Zorn im Vordergrund – dass sie auch traurig und der Auseinandersetzungen müde ist, ist aus ihrem Wahrnehmungsfeld geschwunden.

Der Zorn hat auch Wirkungen auf ihr Verhalten. Er gibt ihrem Verhalten eine Orientierung, wirkt wie eine Leitschnur. Sie streitet, macht Vorwürfe; sie kündigt die Freundschaft oder kämpft darum, das Vertrauen zu ihrem Freund wiederzubekommen. Das Gefühl des Zorns beeinflusst ihr Denken und ihren Körper. Sie ist nicht nur emotional, sondern auch gedanklich und körperlich erregt, läuft hin und her, spürt eine starke Körperspannung, gestikuliert mit lauter Stimme.

Ihre Sprache verändert sich gegenüber ihrer Alltagsprache, ihre Sätze werden knapper und einschneidender, sind voller Ich- und Du-Botschaften: »Du bist ein verantwortungsloser Hund!«, »Ich mach' das so nicht mehr mit!«.

Ihr Gefühl des Zorns und ihr entsprechendes Verhalten haben wiederum Signalwirkung für andere, die darauf reagieren, sodass ihre gesamte Interaktion beeinflusst wird. Auf ihren Freund zum Beispiel wirkt ihr Zorn wie ein Signal, auf das ihm verschiedene Verhaltensmöglichkeiten zur Verfügung stehen, zum Beispiel: Ich verdrücke mich/Ich werde auch zornig und streite mich/Ich bin beleidigt/Ich entschuldige mich. Er wird das Verhaltens- bzw. Reaktionsmuster wählen, das ihm am vertrautesten ist, und dies wird wiederum Auswirkungen auf seine Gefühlswelt und deren Ausdruck haben.

Gefühle zielen immer auf Wirkungen. Sie beeinflussen das Selbstbild und die Wahrnehmung, sie steuern das Verhalten und sind Teil der Kommunikation (filtern und geben Signale) und Interaktion. Menschen und andere Säugetiere sind fähig zu Gefühlen, weil sie dadurch ihre Umwelt und sich selbst differenzierter wahrnehmen können und zu differenzierterem Verhalten fähig sind. Gefühle zielen folglich auf vielfältige Wirkungen – erreichen diese jedoch offensichtlich nur, wenn diese Gefühle aktuell gelebt werden.

Wenn zum Beispiel das Gefühl des Zorns nur kurz aufflackert und mit einem »Ich darf nicht«-Gebot wegtaucht und erstickt, wenn vielleicht das Gefühl des Zorns bei einem Menschen gar nicht mehr zum Repertoire der Gefühle gehört und es schon vorher im Keim erstickt ist und überhaupt nicht spürbar wird, allenfalls als heimlich vorbeihuschender Gedanke oder als nicht wahrgenommener Körperimpuls – dann haben Gefühle keine sichtbare Wirkung im aktuellen Hier und Jetzt. Langfristig kann ein solcher Umgang mit Gefühlen dann allerdings die Wirkung haben, dass chronische Krankheiten entstehen.

Gefühle haben Wirkungen, keine logisch erfassbaren, aber immer viele direkte und indirekte, offenkundige und versteckte, kurz- und langfristige, gerade und verschlungene Wirkungen auf das Verhalten, auf das Selbstbild und auf die Kommunikation. All diese Wirkungen sind Teil unserer Lebendigkeit und verdienen Beachtung im Alltag wie in therapeutischen Prozessen.

Regel vier: Gefühle verschwinden aus der Wahrnehmung – und bleiben doch

Ein Mädchen ist zornig auf den Vater, der es schlägt – doch es hat keine Chance, dieses Gefühl zu zeigen. Es ist traurig, dass die Mutter es nicht beschützt – doch auch diese Trauer findet nicht nur keine Resonanz, sondern ist ausdrücklich verboten. Zorn, Weinen, Traurigsein werden dem Kind ausgeprügelt. Diese Gefühle verschwinden. Sie werden subjektiv als nicht mehr existent erlebt, gehören nicht mehr zum emotionalen Repertoire des Kindes und der späteren Erwachsenen.

Und doch sind diese Gefühle bei dem erwachsen gewordenen Mädchen nicht verschwunden. Sie begegnen ihr immer wieder auf verschiedene Weise.

Sie tauchen plötzlich auf: Im Kino überschwemmt sie plötzlich die Traurigkeit; oder als sie mit einer Freundin ein Wochenende verbringt und sehr glücklich ist, muss sie weinen und weinen und weinen …

Sie treten ihr in Gestalt anderer Personen gegenüber: Sie, die nie zornig ist, verliebt sich immer wieder in Männer, die regelmäßig Jähzornanfälle haben, sie schlagen oder mit Schlägen bedrohen. Sie kämpft dagegen an, doch sie fällt immer wieder auf solche Männer herein, mögen sie anfangs noch so unschuldig und harmlos aussehen.

Sie erscheinen in psychosomatischen Krankheiten, bei der Frau unseres Beispiels in Magen- und Rückenbeschwerden. Dabei weigern wir uns, bestimmte »verschwundene«, ungelebte Gefühle bestimmten Krankheiten zuzuordnen, wie es immer mal wieder versucht wird. Es entspricht unserer Erfahrung, dass die Menschen so unterschiedlich, die Leibzusammenhänge so komplex und kompliziert sind, dass es gilt, die jeweils individuellen Zusammenhänge zwischen Körper und Gefühlen, zwischen Erkrankungen und Lebenswelt herauszufinden.

Gefühle können auf sehr unterschiedliche Art und Weise »verschwinden« und doch vorhanden sein. Die einfachste und alltäglichste schildert ein Mann so: »Ich bin durch ein Ereignis gekränkt und ärgere mich darüber, bemerke dies aber nicht. Meine Laune wird schlechter, ich fange an, mit dem Hund zu schimpfen und mit mir herumzunörgeln. Erst als meine Tochter sagt: ›Du hast aber schlechte Laune. Was ist denn los?‹, halte ich inne und nehme meinen Ärger und seinen Anlass wahr.«

Hier lag das Gefühl »in Reichweite« seiner Aufmerksamkeit. In anderen Situationen und bei anderen Menschen können Gefühle wie zum Beispiel Scham- und Schuldgefühle tiefer im Unbewussten vergraben sein, sodass es therapeutischer Prozesse bedarf, um sie zu spüren und neue Wege des Umgangs mit ihnen zu lernen.

Regel fünf: Gefühle lassen sich umtauschen

Eine besondere Form, wie Gefühle verschwinden und doch bleiben, besteht darin, dass sie konvertieren, das heißt umgewandelt, umgetauscht werden. Der Zorn eines Menschen kann sich in eine alltäglich werdende Angst vor Bedrohungen jeder Art verwandeln oder sich gegen den Menschen selbst richten und zu Schuldgefühlen werden. Die Hilflosigkeit der alten Frau im Altenheim wird umgetauscht in Zorn und äußert sich in einer aggressiven Grundstimmung. Die Frau redet aufgeregt mit sich selbst und schimpft auf alles, was ihr in den Sinn kommt. Häufig begegnen wir auch Umtauschaktionen in das gegenteilige Gefühl: Scham gegen Schamlosigkeit, Unsicherheit gegen Arroganz, Angst gegen Furchtlosigkeit …

Wann werden Gefühle umgetauscht? Wenn sie keine Resonanz finden! Gefühle brauchen Echos, brauchen Antworten, brauchen Reaktionen, brauchen Resonanz. Finden Menschen keine Resonanz für ein Gefühl, das ihnen gerade existenziell wichtig ist, geht das Fühlen ins Leere und wird so unaushaltbar. Geschieht dies einmal oder zweimal, ist dies für den jeweiligen Menschen belastend, bleibt aber verkraftbar. Wird die Erfahrung, mit einem Gefühl ins Leere zu gehen, wiederholt erlebt oder ist sie gar eine Grunderfahrung von Kindheit an, wird dies immer unaushaltbarer. Eine Konsequenz kann darin bestehen, dass der betreffende Mensch das jeweilige Gefühl umtauscht, es in ein anderes Gefühl verwandelt.

Dies geschieht meist unbewusst. Das unbewusste Gefühl wieder bewusst werden zu lassen, es also zurückzutauschen, gelingt oft über Körperachtsamkeit. Wenn wir die Frau, die ihre Hilflosigkeit in einen Zorn umgewandelt hat, fragen, wo ihr Zorn im Körper seinen Ausgangspunkt hat, und sie in diese körperliche Region hineinspürt, wird sie in der Regel der Hilflosigkeit begegnen. Auch wenn Menschen umgetauschte Gefühle malen, musikalisch erklingen lassen oder in Bewegungen ausdrücken, begegnen sie oft den Ursprungsgefühlen – eine oft sehr schmerzliche, aber Lebendigkeit freisetzende und lebensverändernde Erfahrung.

Regel sechs: Gefühlen wohnt das »Und« inne

Ein Beispiel: Eine Frau liebt ihren Mann und hasst ihn gleichzeitig. Die Freundin sagt: »Ja, was denn nun. Liebst du ihn oder hasst du ihn? Beides geht doch nicht.«

Gefühle ordnen sich nicht der Logik des Entweder-oder unter. Sie lieben das Sowohl-als-auch, sie lieben und sie fordern das »Und«. In der emotionalen Grammatik schließen sich Gegensätze nicht aus, sondern bedingen sich oft gegenseitig, umklammern sich und umarmen sich. Dies muss, um beim Beispiel der Frau zu bleiben, nicht über einen längeren Zeitraum gelten, zumindest nicht für die Intensität von Liebe und Hass. Aber ähnliche widersprüchliche Gefühle begegnen uns Menschen immer wieder; zum Beispiel verstirbt der Vater einer Klientin. Sie ist traurig über den Verlust und gleichzeitig erleichtert darüber, dass sein Leiden, aber auch ihre Sorge und Verpflichtung endlich ein Ende haben. Die Logik sagt ihr: Beides gleichzeitig darf doch nicht sein. Entweder bist du traurig oder erleichtert, eines von beiden, und wenn, dann gehört sich Traurigkeit, die Erleichterung darf nicht sein. Die Grammatik der Gefühle sagt etwas anderes. Für die Grammatik der Gefühle gilt nicht die Regel des Entweder-oder, hier ist das Sowohl-als-auch Alltag und Normalität. Hier dürfen beide Gefühle nebeneinanderstehen, sind erlaubt.

Ein anderes Beispiel: Ein Mann wurde vor einigen Monaten von seiner Freundin verlassen. Sie hat das Liebesverhältnis beendet und sich in einen anderen Mann verliebt. Der erstgenannte Mann hat nun getrauert und gezürnt, gebettelt und gewütet. Nun hat er eine neue Freundin und trifft mit dieser gemeinsam die ehemalige Freundin, die sich sehr eifersüchtig verhält. Der Mann ist gar nicht in der Lage, die Eifersucht wahrzunehmen und ernst zu nehmen: »Das kann doch nicht sein. Sie hat sich doch von mir getrennt, wie kann sie denn da jetzt eifersüchtig sein?« Auch hier gilt: Die Grammatik der Gefühle kennt solche Entweder-oder nicht. Innerhalb ihrer Regeln ist erlaubt, was gefühlt wird. Da gibt es kein »Dürfen« oder »Nichtdürfen«. Das »Dürfen« und »Nichtdürfen« entstehen nicht aus den Gefühlen selbst, sondern aus vorgegebenen Wertungen und den Maßstäben der formalen Logik, die natürlich, um es an dieser Stelle einmal klarzustellen, durchaus ihre Bedeutung haben bei der im menschlichen Zusammenleben notwendigen Bewertung, ob ein Verhalten zu billigen ist oder nicht.

Regel sieben: Gefühle sind oft paradox

Ein prominenter Vertreter der jüdischen Gemeinden in Deutschland erzählte in einer Fernsehsendung, dass, als er ein kleiner Junge war, sein Vater von den Nazis nach Auschwitz gebracht wurde. Sein Vater wurde ermordet; er überlebte. Er erzählte, dass er nachts immer noch voller Grauen erwacht und dass er sich immer noch schuldig fühlt, weil er lebt und sein Vater sterben musste. Diese paradoxe Schuld, diese

Schuld der Überlebenden, ist wider jede Vernunft. Natürlich sind die Nazis die Mörder und schuldig – und niemand weiß das besser als dieser Mann – und jeder Außenstehende entwickelt auch Gefühle der Wut, des Abscheus, der Fassungslosigkeit gegen die Täter, gegen die Schuldigen. Doch die Grammatik der Gefühle hat für die betroffenen Überlebenden eigene Regeln. Sie fühlen sich häufig selbst zutiefst schuldig, schämen sich und klagen sich an wegen ihrer Ohnmacht.

Oft ist diese paradoxe Schuld auch bei Menschen anzutreffen, deren Geschwister gestorben sind. Manchmal wird ein Ereignis als »Grund für die Schuld« herangezogen und erlebt, zum Beispiel: »Weil ich mich um meine Schwester nicht gekümmert habe und spielen gegangen bin, ist sie gestorben.« Oder: »Weil ich mich bei meinem Bruder nicht dafür entschuldigt habe, dass ich ihn verpetzt habe, ist er gestorben« … Doch diese Konstruktionen sind Versuche, das Schuldgefühl in die Logik der Vernunft einzupassen. Das geschieht so selbstverständlich, dass dem betroffenen und betreffenden Menschen die Unlogik seiner Gedankengänge gar nicht auffällt. Die Not seines (kindlichen) Erlebens ist so groß, dass er sich das Unfassbare fassbar, das Unverständliche verständlich machen muss und sich das, was außerhalb seiner Macht liegt, wieder aneignen, sich zu eigen machen muss. Die paradoxe Schuld bedarf keiner Gründe, sie ist einfach da, zum Beispiel auch bei einem Zwilling, dessen Geschwisterchen bei der Geburt gestorben ist und der noch über 30 Jahre später an der Schuld des Überlebenden trägt.

Diese paradoxe Schuld ist auch in therapeutischen Prozessen nur schwer aufzulösen und lässt sich auf keinen Fall wegreden. Sie ist nicht nur ein Reflex ungelebter Trauer, wie manchmal vermutet wird, sondern hat ihre ganz eigene individuelle Dimension und bedarf einer langwierigen, vielfältig emotionalen Würdigung in einer guten therapeutischen Beziehung.

Ein Kind, das jahrelang missbraucht worden ist, fühlt sich schuldig und schämt sich. Seine Gefühlswelt unterliegt der grammatikalischen Regel der Paradoxie. Verschärft wird die Scham noch dadurch, dass es als Erwachsene, wie viele andere Opfer auch, an die Gefühle den Maßstab des Entweder-oder anlegt und nicht den des Sowohl-als-auch. Oft sind, wenn Erwachsene sich mit ihren kindlichen Missbrauchserfahrungen auseinandersetzen, widersprüchliche Gefühle da. Auf der einen Seite treten die Gefühle des Ekels und Hasses gegen die missbrauchende Person hervor. Auf der anderen Seite ist diese Person aber erschreckenderweise oft nah verwandt, also eine Person, die das Kind auch liebte und erwachsen vielleicht immer noch liebt. Hier entstehen zwei als gegensätzlich und unvereinbar erlebte Gefühle, die beide nebeneinander ihre Existenzberechtigung haben. Wird damit gehadert – und die Außenwelt bzw. unmittelbare Lebenswelt tut leider in der Regel alles dazu, dass diese Menschen damit hadern –, kommt zu der Scham der Opfer noch die Scham hinzu, dass man »mit seinen Gefühlen nicht klarkommt« und seinen Peiniger bzw. seine Peinigerin auch noch liebt.

Auch Frauen, die vergewaltigt wurden, empfinden oft Scham, weil ihre Intimsphäre verletzt wurde. Sie schämen sich ihres Erniedrigtseins und ihrer Schutzlosigkeit. Kommt dann noch hinzu, dass diese Opfer bei polizeilichen Verhören oder vor Gericht zusätzlich beschämt werden und auch dort ihr Intimes der Öffentlichkeit preisgegeben wird, dann kann sich auch hier die Scham potenzieren, sich noch tiefer einschleifen und somit noch schwerer von dem betroffenen Menschen als paradoxes Gefühl empfunden und entlarvt werden.

Die Bedeutung, die die beiden grammatikalischen Regeln der paradoxen Gefühle und des »Und« bzw. »Sowohl-als-auch« gerade in ihrer Verbindung haben, ist nicht hoch genug und nicht schwerwiegend genug einzuschätzen. Sie sind unserer Erfahrung nach notwendige Säulen einer therapeutischen Grundhaltung, um die Not vor allem traumatisierter Menschen wenden zu helfen.

Regel acht: Gefühle bilden Ketten und Landschaften

Unser Gefühlsleben ist keine Kommode, die für jedes Gefühl eine Schublade hat, die geöffnet und geschlossen werden kann und über deren Griff ein Namensschildchen steht, auf dem der Inhalt der Schublade »Scham«, »Trauer«, »Liebe« … zu lesen ist. Gefühle sind auf vielfältige Weise miteinander verwoben und verflochten. Als häufige Formen dieser Verknüpfung mehrerer Gefühle begegnen wir den Gefühlsketten sowie den Gefühlslandschaften.

In Gefühlsketten werden in einem Erlebensprozess verschiedene Gefühle hintereinander aufgereiht: Ich bin zornig auf meinen Freund, erschrecke über meine Reaktion und bekomme Angst vor den Folgen meines Zorns, ziehe mich zurück, fühle mich aufgrund des Rückzuges einsam und alleingelassen und werde traurig über den fehlenden Kontakt. Häufig steht am Anfang einer solchen Kette eine Unterbrechung des Auslebens eines Gefühls, hier des Zornes. Diese Unterbrechung kann in persönlichen Vorstellungen begründet sein, wie ich mit Gefühlen »umzugehen habe«: »Zorn gehört sich nicht!« Oder das Fühlen und das Ausleben des Zorns werden eingeschränkt durch Reaktionen der sozialen Umwelt, indem dem zornigen Menschen sein Gefühl verboten wird oder er mit seinem Fühlen ins Leere geht. Gefühle brauchen, um gelebt zu werden, eine akzeptierende Umwelt und eine innere Haltung, die die Emotionalität respektiert. Bekommen Gefühle Raum, dann kommen sie in der Regel und gehen auch wieder, wie auf einer Kurve, die ansteigt und dann mehr oder weniger schnell absinkt. Werden das innere Erleben von Gefühlen und ihr äußerer Ausdruck aber gebremst, entstehen solche Gefühlsketten wie eben beschrieben. Ein Gefühl folgt auf das andere, hier auf den Zorn der Schrecken, dann die Angst, dann die Einsamkeit, dann schließlich die Traurigkeit. Ist der betreffende Mensch irgendwann bei der Traurigkeit angelangt, weiß er oft nicht mehr, was das erste Glied der

Gefühlskette war, und wird vielleicht wieder zornig, diesmal aber auf sich, weil er traurig ist und doch »keinen Grund dafür hat«.

Auch in Gefühlslandschaften stehen mehrere Gefühle in enger Verbindung. Hier aber reihen sie sich nicht aneinander, sondern stehen neben- und miteinander, mehr oder weniger sichtbar. Wenn wir dem Gleichnis der Landschaft folgen, dann gehen wir vielleicht durch ein Tal der Traurigkeit; wir trauern um einen nach langer Krankheit verstorbenen Angehörigen und sehen rings um uns nur Hügel, die dieses Tal einschließen, sodass wir denken, die Trauer sei das einzige Gefühl, das es gibt und geben kann. Doch wenn wir das Tal weiter durchschreiten, kommen wir in ein Seitental, zwischen zwei Hügel, und hier fühlen wir Erleichterung darüber, dass das lange Leiden der geliebten Person nun vorbei ist, dass sie erlöst ist von ihren Schmerzen und wir nicht mehr mitleiden müssen. Nach diesem Seitental öffnet sich die Landschaft zu einer Ebene, in der wir einen dunklen Wald der Angst sehen, der Angst vor der Zukunft ohne die geliebte Person, mit all den Zweifeln, wie es nun weitergehen soll und ob das Leben ohne diese Person gelingen kann. Daneben aber befindet sich die von einem Fluss durchzogene Ebene der Zuversicht und des Mutes und dazwischen, auf einer kleinen Erhebung, sehen wir die Oase des Vertrauens, dass wir bei aller Trauer um den Verlust doch darauf vertrauen, dass manches von dem, was die gestorbene Person für uns und in uns verkörpert hat, bleiben kann und uns auch in Zukunft begleiten wird.

Das Bild einer solchen Landschaft fällt uns oft ein, wenn wir in der Therapie gemeinsam mit anderen Menschen deren Gefühlsleben erkunden. Ihre Entdeckungsreise führt sie hierhin und dorthin, durch Windungen und Wendungen und hält immer neue Überraschungen und Verknüpfungen bereit. Hier gibt es keine Folge von Gefühlen und keine Unterbrechungen, sondern ein Nebeneinander, allerdings keines, in dem Gefühle wie in Reih und Glied aufgestellt sind, sondern in dem individuell unterschiedliche Verbindungen existieren, die erwandert und entdeckt werden können. Wie eine Landschaft.

Regel neun: Gefühle haben Subtexte: Schattengefühle

Gefühle haben oft einen Subtext. Der Begriff Subtext stammt aus den Literaturwissenschaften und beschreibt den Inhalt eines literarischen Textes, der tiefgründiger, unterhalb des oberflächlich erfassbaren Bedeutungsgehalts des Geschriebenen, liegt, also auf den ersten Blick nicht zu erkennen ist und weitgehend im Verborgenen bleibt. In Alltagsdialogen sind Subtexte häufig zu hören, es gibt unterhalb des gesprochenen Wortes einen zweiten Text, der sich, wie auch im literarischen Text, erst durch bzw. in der Resonanz der Hörenden bzw. Lesenden erschließt. Da streiten sich Ehepartner wortreich über die Regelung von Haushaltsangelegenheiten und sagen sich gleichzeitig im Subtext, dass sie darüber enttäuscht sind, dass der Partner bzw. die Partnerin nicht mehr Zeit mit ihnen verbringt. Gefühle wie Scham, Angst oder Hilflosigkeit werden oft von anderen Gefühlen überlagert. Eine Frau ist gereizt und aggressiv. Ihre Kolleginnen im Büro leiden darunter und können es sich nicht erklären. Sie suchen bei sich nach Gründen, was sie falsch gemacht haben könnten, dass ihre Kollegin so ärgerlich wird. Dabei ist es umgekehrt: Die Frau hat einen schweren Fehler gemacht, schämt sich dessen und hat ein schlechtes Gewissen. Doch diese Scham kann sie unmöglich den anderen mitteilen. Sie schämt sich ihrer Scham, deswegen bleibt die Scham im Schatten und wird zum Subtext ihrer Aggressivität.

Gerade in der pädagogischen und therapeutischen Arbeit ist es wichtig, nach Subtexten der Gefühle Ausschau zu halten. Wir nennen sie auch Schattengefühle, weil sie dazu neigen, im Schatten der Aufmerksamkeit zu bleiben. Wer als pädagogisches oder therapeutisches Gegenüber seine Aufmerksamkeit nur auf die Gefühle im Licht lenkt und die im Schatten übersieht, wird oft viel Energie vergeuden und den Menschen nicht gerecht. Insbesondere die Aggressivität von Kindern und Jugendlichen kann unterschiedliche Subtexte haben. Manche sind durch Erfahrungen mit Gewalt so gefühllos geworden, dass sie selber verroht sind und gewalttätig werden. Hier ist der Subtext das Gefühl der Gefühllosigkeit. Andere Kinder sind überfordert, vielleicht durch die Trennung der Eltern oder durch andere Verluste oder durch Kränkungen. Hier sind es Gefühle der Sehnsucht und Hilflosigkeit, der Trauer und des Schmerzes, die nicht gelebt werden können und die den

Subtext der Aggressivität bilden. Wird nur auf die Aggressivität geschaut und versucht, mit den Kindern Wege aus der Aggressivität zu erarbeiten, scheitert dies oft, weil die Quellen, die die Aggressivität speisen, die im Subtext liegenden Schattengefühle, nicht berührt werden. Sie aber gilt es zu identifizieren, die Schattengefühle gilt es ernst zu nehmen und ihnen Achtung zu erweisen, dann kann der Aggressivität das »Wasser abgegraben« werden.

Oft kommt es auch vor, dass Gefühle »verboten« sind. Für viele Menschen sind zum Beispiel aggressive Gefühle tabu. Manche haben dies als Norm des sozialen Zusammenlebens in ihrer Familie gelernt: »In dieser Familie gibt es keine Aggressionen.« Bei anderen wurzelt das Verbot eines Gefühls in den persönlichen Erfahrungen. Menschen, die viel Gewalt in ihrer Kindheit erlebt haben, schwören sich manchmal, nie so zu werden wie die Täter, und verbieten sich damit jeglichen Anflug von Ärger, Wut oder Zorn. Manchmal werden solche Gefühle dann umgetauscht (s. o.), oft aber bleiben sie als Schattengefühle, also im Subtext anderer Gefühle, aktiv.

Regel zehn: Auf Gefühlen bilden sich Schleier und Fettaugen

Scham, Angst und Resignation haben zwei besondere Eigenschaften: Sie können sich wie ein Schleier über verschiedene andere Gefühle legen, diese dämpfen – sowohl im Erleben als auch im Ausdruck – oder sie gar in den Schatten wegdrücken. Wenn ein Mensch damit groß geworden ist, dass der Ausdruck von Gefühlen »verboten« ist, und wenn alle emotionalen Äußerungen bestraft wurden, dann lebt dieser Mensch mit der Angst, zu gefühlvoll zu sein. Diese Angst wird sich wie ein Schleier über alle emotionalen Äußerungen legen.

Ein Mensch, der existenziell beschämt wurde, also nicht nur beschämt wurde für das, was er konkret getan hat, sondern dafür, *wie* er ist und *dass* er ist, wird in all seinen Lebensäußerungen von Scham begleitet werden. Nicht konkrete Handlungen oder Äußerungen sind von der Scham besetzt, sondern seine Lebendigkeit an sich. Auch hier legt sich die Scham wie ein Schleier über alle Lebensäußerungen.

Ähnliches gilt für die Resignation, die das Denken, Fühlen und Handeln eines Menschen lähmen kann. Wenn zum Beispiel Kinder lange Zeit versucht haben, nach einem geliebten Elternteil oder gar beiden Eltern zu greifen, und dabei immer wieder ins Leere gegriffen haben, dann resignieren sie irgendwann. Oder sie erfahren so viel psychische oder physische Gewalt und Ohnmacht, dass sie irgendwann den Kampf des Sichwehrens aufgeben und sich resignierend in ihr Schicksal fügen. Diese Resignation kann sich so verfestigen, dass sie zur Grundgestimmtheit des Menschen wird.

Erst wenn diese Schleiergefühle Scham, Angst und Resignation beachtet werden, wenn ernst genommen wird, woher sie kommen, wenn sie in all ihren körperlichen, seelischen, geistigen und Kontaktdimensionen erspürt werden und Menschen dabei therapeutisch unterstützt werden, damit zu experimentieren, sie zu verwandeln, erst dann kann sich der Schleier allmählich heben, können andere Gefühle und Lebensäußerungen ans Licht treten.

Wenn Scham, Angst und Resignation so sehr die Lebendigkeit eines Menschen beeinflussen, dann treten sie häufig zutage, wenn diese Menschen Veränderungen wagen. In der Therapie beobachten wir immer wieder, dass dann, wenn Menschen, die resigniert darauf verzichtet haben, nach anderen zu greifen, und nun beginnen, nach anderen Menschen die Arme auszustrecken, Interesse zu zeigen und Nähe zu suchen, die Angst, die Scham oder die Resignation ihr Haupt erheben und gleichsam »dazwischentreten«. Wenn die Scham zum Beispiel verhindert hat, dass ein Mensch beruflich mutig voranschreitet, und es dieser Mensch nun zum Beispiel durch therapeutische Unterstützung wagt, Erfolg zu haben, dann wird die Scham wieder auftauchen, massiv und oft scheinbar unerklärlich. Wenn sich ein anderer Mensch in seiner Angst gebremst hat, sich zu verlieben, nun aber verliebt ist, werden ihn oft Angstwellen überkommen, die er für »unsinnig« hält. Das Auftauchen dieser Gefühle ist durchaus erklärbar. Scham, Angst und Resignation schwimmen wie Fettaugen auf der Suppe der Gefühle – immer oben. (Das Bild ist vielleicht nicht appetitlich, aber passend.) Gerät der Topf mit der Gefühlssuppe in Bewegung und schwappt sie über, dann treten als Erstes Gefühle der Scham, Angst und Resignation über den Rand. Durch diese Gefühlssuppe »muss man durch«, die Fettaugen aussortieren oder beiseiteschieben, um der Lebendigkeit Raum zu verschaffen.

Regel elf: Manchmal sind Gefühle delegiert

Ein junger Mann spielt auf einem Musikinstrument seine Scham. Er spielt differenziert und bemüht sich um Intensität. Er sagt danach: »Meine Scham hat viele Gesichter. Sie verfolgt mich mein Leben lang und hindert mich. So vielfältig das auch klang, irgendetwas ist komisch, irgendetwas habe ich nicht richtig gemacht beim Spielen. Es berührt mich nicht wirklich, es bleibt außen vor.« Auch der Therapeut teilt sein Sharing, seine emotionale Reaktion, mit: »Ich habe interessiert zugehört. Doch wenn ich auf meine Resonanz achte und ehrlich bin, dann habe ich nichts von Ihrer Scham gehört und mitbekommen. Bei mir ist eher angeklungen und mich hat in Schwingungen versetzt Ihr Bemühen, Ihre Scham gut darzustellen. Darauf habe ich innerlich reagiert.«

Manchmal sind Menschen voll eines Gefühls, leiden darunter, wie häufig und wie intensiv sie von diesem Gefühl ergriffen werden, und doch bleibt es ihnen fremd. Wenn sie es musizieren, ist dies hörbar und spürbar. Da wir wissen, dass Gefühle, wenn sie als fremd erlebt werden, von anderen Menschen delegiert sein können, fragte der Therapeut, um dieser Spur nachzugehen: »Welche Erfahrungen haben Sie bei Ihren

Eltern oder anderen wichtigen Menschen Ihrer Umgebung mit Scham gemacht?« Die Antwort kam prompt: »Mein Vater hat sich sein Leben lang geschämt, dass er nur Arbeiter war. Er hat eine Frau geheiratet, meine Mutter, die eher aus besseren Verhältnissen kam. Er konnte ihr nie das bieten, was sie aus ihrer Kindheit gewohnt war. Diese Scham lag immer in der Luft. Das ist mir früher nie so aufgefallen, doch jetzt, wo Sie danach fragen, merke ich das.«

»Und Ihre Mutter?«

»Von der kenne ich keine Scham«, antwortete er zögernd, »das ist irgendwie seltsam, da muss ich sie mal fragen. Mir ist nicht bekannt, dass sie sich jemals geschämt hätte.«

In der nächsten Therapiestunde erzählte er erschüttert, dass seine Mutter ihm auf sein Fragen hin gestanden habe, während vieler Jahre ihrer Ehe einen Liebhaber gehabt zu haben. »Sie hat mir erzählt, dass sie von ihm nicht wegkam und sich dessen furchtbar schämte. Von dieser Scham habe ich nichts mitbekommen.«

Der Therapeut sagte seinen Eindruck und seine Meinung: »Doch, Sie haben diese Scham vielleicht nicht bewusst bemerkt, aber Sie haben ganz sicher etwas von ihr mitbekommen, mitbekommen im wörtlichen Sinn.« Die Scham des Klienten war zum größten Teil delegierte, fremde Scham, die von seinen Eltern an ihn delegiert, weitergegeben und von ihm wie eigene angenommen worden war, ohne dass er dies bemerkt hatte.

Viele unangenehme Gefühle werden delegiert. Meist geschieht dies vonseiten aller Beteiligten unbewusst. Häufig delegiert werden neben der Scham Schuldgefühle sowie Angst, manchmal auch Hass. Erst wenn ein Gefühl in seinen fremden Anteilen als delegiertes Gefühl identifiziert und »zurückdelegiert« ist, kann darangegangen werden, den Platz mit eigenen Gefühlen oder mit der eigenen Qualität des Gefühls gleichen Namens zu füllen.

Regel zwölf: Gefühle unterscheiden sich in existenzielle und alltägliche Gefühle

Im limbischen System des Gehirns gibt es einen besonderen Teil, die Amygdala, mit dem wir Menschen existenzielle Gefährdungen identifizieren und vor ihnen warnen. Geschieht dies, bekommen die entsprechenden Gefühle eine andere Qualität als die Gefühle des Alltags. Im Straßenverkehr kann sich ein Fahrer darüber ärgern, dass der Autofahrer vor ihm so langsam auf eine Ampel zufährt, dass beide die Ampel erst dann erreichen, wenn sie auf Rot schaltet. Das ist ein Alltagsärger. Zum existenziellen Ärger wird dies, wenn der gleiche Fahrer bei Grün die Ampel überquert und ihn dabei aber von der Seite ein anderes Auto in der Rotphase in einen Beinaheunfall verwickelt. Hier wird der Ärger existenziell, es geht um Leben und Tod.

Auch bei der Angst gibt es diese Unterschiede. Ein Mensch kann sich fürchten, den Bus zu verpassen, oder aber sich davor ängstigen, eine gefährliche Erkrankung nicht zu überleben. Die Trauer um den Verlust eines Portemonnaies ist alltäglich, die Trauer um einen geliebten Menschen kann so existenziell werden, dass der Trauernde nicht mehr weiß, ob er ohne diesen Menschen weiterleben kann.

Jedes Gefühl kann existenzielle Qualität bekommen. Die Unterscheidung zwischen existenziellen und Alltagsgefühlen ist keine Unterscheidung zwischen diesem oder jenem Gefühl, sondern eine Differenzierung in der Intensität des Fühlens und in der Bedeutung, die dieses Fühlen für den Organismus hat. Gerade als existenziell erlebte Bedrohungen zum Beispiel in traumatischen Situationen rufen existenzielle Gefühlsqualitäten hervor, die lange Zeit, manchmal jahrzehntelang, nachwirken können.

Manchmal kommen existenzielle Gefühle im Gewand von Alltagsgefühlen bzw. Alltagsproblemen daher.

Ein alter Mann fürchtet sich, den Bus zu verpassen, der ihn von seinem Heim ein paar Straßen weiter zu seinem Arzt bringen soll. An und für sich, wie eben erwähnt, ein alltägliches Gefühl. Er schläft in der Nacht unruhig, wacht noch früher als sonst auf – und nervt seine Betreuer/innen mit seiner Unruhe, seinen ungeduldigen Forderungen nach Hilfestellungen, der ständigen Frage nach der Uhrzeit und seiner Tendenz, das Haus viel zu früh verlassen zu wollen. Vor allem sein engster Betreuer weiß, dass dieser Mann normalerweise körperlich und geistig fit, relativ selbstständig und zeitlich orientiert ist, und kennt seine »Macke«, wenn es um die Einhaltung von außerhäusigen Terminen geht. Aber diesmal spürt er ganz deutlich, dass die Not des alten Mannes weit größer ist, als es der Anlass vermuten lässt. Später, anderntags, in einer ruhigen Minute, folgt er im Gespräch mit dem alten Mann der Spur dieses alltäglichen Gefühls, der Befürchtung, den Bus zu verpassen. Und sie finden gemeinsam heraus, dass in diesem Gefühl die Erinnerung an die Flucht aus Ostpreußen lebendig wird, als die Frage der Rechtzeitigkeit der Flucht, das Nicht-verpassen-Dürfen des Flüchtlingstrecks und das Funktionieren zu einer Frage auf Leben und Tod wurden. Auch wenn diese Erkenntnis viel Erschütterung bei dem alten Mann und auch seinem Betreuer hervorrief, so veränderte sie dennoch das Leben des alten Mannes und seine Beziehung zu seinem Betreuer und zu anderen Menschen nachhaltig: Endlich konnte er sich selbst in seiner Not verstehen, wurde damit von anderen ernst genommen und fühlte sich »wie erlöst«, denn die Tragweite der Veränderung dehnte sich auf andere Bereiche seiner Gefühlswelt aus.

Oder ein anderes Beispiel für ein oben erwähntes alltägliches Gefühl, die Trauer bei dem Verlust eines Portemonnaies.

Eine Frau kommt völlig aufgelöst in die Therapie, obwohl dieser Verlust schon fast eine Woche her ist. »Ich kann es mir einfach nicht verzeihen, dass ich so blöd bin. Wie kann man nur so blöd sein, sich beklauen zu lassen!?«, wiederholt sie immer und immer wieder. Bei der Spurensuche stellt sich heraus, dass sie als Kind von ihrem Vater grün und blau geschlagen und mit den Worten »Wie kann man nur so blöd sein …« existenziell beschämt worden ist, als sie statt mit Bierflaschen mit der Meldung nach Hause kam, dass ihr die großen Jungs das Portemonnaie unter Androhung von Gewalt geklaut hatten.

Die Unterscheidung zwischen existenziellen Gefühlsqualitäten und Alltagsgefühlen ist wichtig für den Umgang mit den Gefühlen. Wenn wir als Therapeutin und Therapeut Menschen begegnen, die unter existenziellen Gefühlen leiden, dann wissen wir, dass sich diese Menschen in einer Krise befinden, dass sie existenziellen Halt, Trost und Unterstützung brauchen und dass wir mit ihnen suchen müssen, einen Weg aus der Krise zu finden. Auch an und in Alltagsgefühlen können Menschen leiden, und das in unterschiedlich starkem, das Leben beeinträchtigendem Maße, um das es sich zu kümmern lohnt: um die Orientierung im Leben, um den Umgang mit sich selbst und mit der Umwelt. Um das Wie des Lebens, nicht um das Ob.

Wenn Gefühle ersterben

»Ich war wie betäubt. Wie unter Schock. Ich fühlte nichts, außer dass es in meinem Brustbereich ganz eng war. Da war kein Gefühl, weder Angst noch Schrecken noch sonst etwas. Und doch bekam ich mit, dass ich nichts fühlte.« So beschrieb ein Klient eine Phase seines Lebens, in der er unter dem Gefühl der Gefühllosigkeit litt. Es mag paradox klingen, aber diese paradoxe Erfahrung ist auch eine emotionale Erfahrung und deswegen nennen wir dieses Gefühl das Gefühl der Gefühllosigkeit. Die meisten Menschen spüren ihre Gefühllosigkeit zumindest dann, wenn sie darauf achten.

Das Gefühl der Gefühllosigkeit ist deshalb eine differenzierte Betrachtung wert. Es hat unterschiedliche Qualitäten, entspringt unterschiedlichen Quellen und ruft unterschiedliche Wirkungen hervor.

Depression

Das Gefühl der Gefühllosigkeit ist das vorherrschende Gefühl in der schweren Depression. Die Depression kann man neurobiologisch betrachten und die Veränderung des Transmitterhaushaltes beschreiben oder als Verhaltensveränderung analysieren, die sich in sozialem Rückzug, Motivationsproblemen und den anderen bekannten Symptomen äußert. Vom Erleben her sind vor allem das Ausbleiben und Erstarren des leiblich emotionalen Pulsierens kennzeichnend. Wir Menschen ziehen uns von der Welt zurück und weiten uns wieder in sie hinein aus. Wenn wir lieben, können wir die ganze Welt umarmen, wenn wir zornig sind, gehen wir auf andere Menschen zu, um sie von uns zu stoßen oder ihr Verhalten zu verändern oder zu stören. Dann wieder verringert sich unser Interesse, wir brauchen Rückzug in Angst oder in Schmerz oder benötigen Ruhe und Erholung. Dieses Pulsieren ist in der Depression nicht nur eingeschränkt, es ist erstarrt. In der Enge erstarrt. Die Emotionalität wird betäubt. Das Gefühl der Gefühllosigkeit breitet sich aus und wird vorherrschend.

Oft wird Depression mit Trauer gleichgesetzt. Dies ist ein Irrtum. Eine Depression kann zwar durch eine zu betrauernde Situation ausgelöst werden, doch die Trauer gelingt nicht. Führt der Trauerprozess nicht zu einem Loslassen, erstarrt er in der Depression und erstirbt in einer diffusen melancholischen Halbtrauer.

Was hilft?

Wenn depressive Menschen wirklich trauern, dann kann Heilung einsetzen, kommt das Pulsieren in Bewegung, löst sich die Starre auf.

Das Gefühl der Gefühllosigkeit tritt bei Menschen in einer Depression in unterschiedlicher Intensität auf, so wie auch zwischen einer depressiven Stimmung und einer ausgewachsenen Depression, die einen Menschen vollständig lähmt, große Unterschiede bestehen. Ebenso vielfältig sind die medikamentösen und therapeutischen Hilfen. Wird in der Therapie die Erstarrung gelöst, erwachen in der Regel die Gefühle wieder.

Der Mensch ist in seinem Pulsieren erstarrt, weil irgendetwas in seinem Erleben unaushaltbar war und er konsequenterweise nicht mehr fühlen »wollte« und konnte. Im Prozess der Wiederbelebung seiner Gefühlswelt wird er vor die Entscheidung gestellt, ob er seine Lebendigkeit spüren oder sie weiterhin in der Erstarrung absterben lassen möchte. Denn mit dem sich entwickelnden Pulsieren trifft dieser Mensch natürlich auf die ganze Bandbreite an Erleben, auf die angenehmen wie die unangenehmen, die schweren wie die leichten, die bedrückenden wie die befreienden, die demütigenden wie die erlösenden und aufrichtenden Gefühle und Erinnerungen. Er braucht in diesen Phasen eine stützende, treue und wahrhaftige menschliche Begleitung, zum Beispiel durch eine Therapeutin oder einen Therapeuten.

Emotionale Rohheit

Nicht mit der Depression zu verwechseln ist die emotionale Rohheit. Wie schon erwähnt, zeigen Untersuchungen und Experimente mit Menschen, deren Frontalhirn geschädigt ist, dass sie nicht in der Lage sind, mit anderen mitzufühlen. Ohne Frontalhirn können Menschen die Folgen von Handlungen für sich und andere nicht abschätzen, sich nicht in andere Menschen hineinversetzen und deren Gefühle teilen. Damit fehlt das Verantwortungsgefühl. Sie können intelligent und durchaus in verschiedenen Bereichen »tüchtig« sein. Sie haben aber eine »Eiskammer im Gehirn«, wie es der Hirnforscher Gerald Hüther in einem Interview bezeichnet hat.

Eine solche Eiskammer braucht nicht durch Hirnschäden als Folge eines Unfalls entstehen, dazu »reichen« auch andauernde Gewalt-, Leere- und Verachtungserfahrungen. Emotionale Rohheit kann bei Menschen ebenso anerzogen werden, wie Kampfhunde zu beißwütigen Aggressionsmaschinen dressiert werden können. Im Extremfall führt dies zu einem Verlust des Mitgefühls und damit zu Verrohung (siehe »Mitgefühl« im Abc). Menschen haben und entwickeln in ihrem Gehirn Spiegelneuronen, um mitfühlen zu können. Doch auch Spiegelneuronen können verkümmern, Spiegelneuronen können sterben. Nur daraus ist zu verstehen, dass Eltern ihre Kleinkinder töten oder verhungern lassen oder Jugendliche ältere Menschen oder Obdachlose zusammenschlagen und sich dessen noch brüsten. Das einzige Gefühl auf der Grundlage des Gefühls der Gefühllosigkeit ist dann nur noch das Machtgefühl. Hier scheinen noch die Wurzeln der Rohheit durch, die Missbrauchs- und Gewalterfahrungen, deren Ohnmacht in ein scheinbares Gegenteil, in brutale Macht, verkehrt wird. Im Alltag kann man nur hoffen, dass man vor Menschen mit solcher Verrohung fliehen und sich von ihnen fernhalten kann.

Was hilft?
Menschen ohne Mitgefühl zu kurieren bedarf ihres Willens und therapeutischer Interventionen, um die traumatischen Erfahrungen und die Ohnmachtsgefühle, die unter der Verrohung liegen, auszugraben und Wege zu suchen, das früher Unaushaltbare aushaltbar werden zu lassen. Erst wenn sie Mitgefühl für das entwickeln können, was ihnen angetan wurde, können sie lernen, Mitgefühl für andere zu empfinden. Der Weg ist lang und weit und bedarf vieler unterstützender Bedingungen.

Emotional Unbewusstes

Dass es emotional Unbewusstes gibt, haben wir schon erwähnt. »Man kann emotional geladen sein, ohne es zu bemerken. Tatsache ist, dass wir uns häufig nicht bewusst sind, wie wir uns fühlen. Wir sind nicht aufmerksam genug. Emotionale Aufmerksamkeit bedeutet, dass wir in der Lage sind, einen Schritt zurückzutreten …«, sagt der Psychologieforscher Paul Ekman (2001, S. 39). Wenn ein Gefühl im Unbewussten bleibt, ist dies nicht mit dem Gefühl der Gefühllosigkeit zu verwechseln, zumindest in den meisten Fällen, in denen sich unbewusste Gefühle zeitweilig oder lang andauernd unserer Achtsamkeit entziehen. An ihre Stelle treten dann meist andere Gefühle oder Stimmungen wie Langeweile, Nervosität, Gespanntheit oder Ängstlichkeit. Manchmal jedoch bleiben ganze emotionale Felder im Unbewussten.

Was hilft?

Bei einem Klienten waren zum Beispiel alle aggressiven Gefühle tabu. Er mochte sie nicht und er fühlte sie nicht, vom kleinsten Ärger bis zur lodernden Wut. Andere Gefühle spürte und lebte er durchaus, nur die aggressiven Gefühle blieben im Unbewussten eingesperrt. Bei ihm trat an ihre Stelle ein Zustand, den er als »Abwesenheit von jedem Gefühl, mehr so eine Leere und Dumpfheit« beschrieb. Er spürte dann keine emotionalen Regungen, dafür aber nervöse Zuckungen in seinem rechten Bein. Als er aufgefordert wurde, diesen Zuckungen freien Lauf zu lassen, begann er, gegen ein Kissen zu treten, und wurde wütend …

Alexithymie/Gefühlsblindheit

Als eine besondere Form der Gefühllosigkeit wird in der Psychologie die Alexithymie bezeichnet. Die Menschen sind nicht in der Lage, ihre Gefühle zu lesen (a = nicht, lexis = Lesen, thymos = Gemüt). Alexithymie wird auch oft als Gefühlsblindheit bezeichnet. Tests und Befragungen sollen ergeben haben, dass jeder siebte Mensch an Alexithymie erkrankt ist, also unfähig ist, Gefühle wahrzunehmen und zu artikulieren (überwiegend Männer, s. a. Berthoz 2005). Offensichtlich sind die Gefühle aber irgendwie vorhanden und wirken, denn die körperlichen Symptome vieler Gefühle treten auf, zum Beispiel Herzklopfen, manchmal auch Magen-, Kopf- oder Rückenschmerzen, vor allem die Erregung. Diese wird anscheinend über die Brücke zum Stresszentrum weitergeleitet, ohne dass der Anlass des Stresses wirklich spürbar und artikulierbar wird. In der Folge weichen diese Menschen oft emotionalen Auseinandersetzungen aus.

Ob die Alexithymie wirklich eine besondere Form des Gefühls der Gefühllosigkeit bezeichnet, sei dahingestellt. Untersucht wurde zumeist die Fähigkeit, Gefühle verbal zu artikulieren, was aber nicht unbedingt mit dem Spüren von Gefühlen gleichzusetzen ist. Wahrscheinlicher ist, dass diese Bezeichnung ein Sammelbegriff für verschiedene Qualitäten emotionaler Dämpfung ist. Nur so können wir uns die statistisch hohe Zahl an Erkrankten erklären.

SCH-A-R

SCHam (Beschämung), Angst und Resignation (SCH-A-R) führen, wie wir schon beschrieben haben, oft dazu, dass Menschen ihre Gefühle nicht mehr zeigen. Wer in seinem Traurigsein ausgelacht wird, wird seine Tränen nicht mehr zeigen. Wer bei Anzeichen von Trotz oder Ärger geschlagen wird, wird diese Gefühle unterdrücken. Wer mit seiner Freude und Liebe immer wieder ins Leere geht, wird irgendwann resignieren. (Er hat die A-R-SCH-Karte gezogen; aber das trauen wir uns nur in Klammern zu setzen.) Wir haben in der Therapie immer wieder die Erfahrung gemacht, dass die Beschämungserfahrungen, die Angst und die Resignation die häufigsten Ursachen dafür sind, dass Menschen – Männer oft »erfolgreicher« als Frauen – in ihrer Emotionalität gedämpft und manchmal fast erstorben sind.

Wenn Menschen lange Zeit ihre Gefühle verbergen oder in der Äußerung ihrer Gefühle resignieren, also ihre emotionalen Regungen nicht nutzen, kann die generelle Fähigkeit, Gefühle zu empfinden, degenerieren. Was nicht benutzt wird, bildet sich zurück, im Gehirn wie im Herzen, in der Muskulatur wie in der emotionalen Resonanz.

Was hilft?

In der Therapie ist es wichtig, die Scham, die Angst bzw. die Resignation zum Thema zu machen. Wenn Menschen in der Therapie »üben« können, Gefühle zu zeigen, ohne beschämt oder bedroht zu werden und ohne ins Leere zu gehen, dann können sie ihre Emotionalität wiederbeleben und neu entfalten.

Gedämpfte emotionale Resonanz

Ein besonderer Teil der Gefühlsblindheit oder des Ersterbens von Gefühlen besteht darin, dass manche Menschen durchaus ein reiches emotionales Innenleben haben, aber in Beziehungen unfähig zur Resonanz mit anderen Menschen sind.

Untersuchungen über Bindungserfahrungen im frühkindlichen Alter (Bowlby 2006) haben gezeigt, wie wichtig der emotionale Austausch zwischen dem Säugling und den frühen Bezugspersonen ist, um die Fähigkeit zu erlangen, sichere und damit auch emotionale Bindungen zu anderen Menschen einzugehen. Wenn Säuglinge und Kleinkinder keinen Menschen begegnen, die ihr Lächeln und ihr Interesse erwidern und ihren Ärger und ihre Liebe aushalten, wenn sie stattdessen mit ihren Gefühlen ins Leere gehen oder auf psychotische Verwirrung oder auf depressive Starre treffen und damit auch wieder in die emotionale Leere fallen, dann kann sich die Fähigkeit nur eingeschränkt entwickeln, sich in andere Menschen hineinzuversetzen, mit anderen Menschen gemeinsam Emotionen zu entwickeln und Gefühle in Bezug auf andere Menschen wahrzunehmen und zu zeigen. Sie träumen oft von der großen, idealen Liebe und sind unfähig, zu lieben. Entweder geraten sie immer wieder »an die (vertraut) Falschen« oder schrecken bei Annäherungen der anderen, potenziell Richtigen, aber Unvertrauten, zurück oder nehmen nur diejenigen wahr, bei denen sie wieder in die Leere gehen usw. Die Ausdrucksformen, wie tiefe emotionale Resonanz gebremst oder verhindert wird, sind so vielfältig wie die Abstufungen. Immer aber ist in diesen Menschen eine unendlich große Sehnsucht nach emotionaler Nähe vorhanden.

Was hilft?

Helfen kann diesen Menschen, die Leid verspüren, eine Therapie, die auf die Beachtung der therapeutischen Beziehung, auf die Entwicklung von Vertrauen, auf wahrhaftigen Austausch und Resonanz grundlegend Wert legt. Menschen mit einer solchen gedämpften emotionalen Resonanz können in der Beziehung zu einer Therapeutin oder einem Therapeuten, die oder der sie spiegelt, sie emotional nährt und ihnen ein wohlwollendes, eigenwilliges Gegenüber ist, ihre Beziehungsmuster erkennen, sich mit deren schmerzlichen Quellen auseinandersetzen und Veränderungsmöglichkeiten erfahren. In diesem Prozess sind Einlassungsbereitschaft und Durchhaltewillen durch schmerzliche lebensgeschichtliche Erfahrungen und schwierige Phasen innerhalb der therapeutischen Beziehung vonnöten. Gewinnen können sie die Chance, von menschlicher Nähe und erfülltem Erleben nicht mehr nur zu träumen, sondern sie auch zu leben.

Emotionale Kontrolle und die Folgen

Es gilt zu unterscheiden zwischen dem Erleben von Gefühlen und dem Gefühlsausdruck. Es gibt Menschen, in denen die Emotionalität insgesamt abgestorben, zeitweilig gedämpft oder wie auch immer eingeschränkt ist, und es gibt Menschen, die sehr viel und sehr stark fühlen, genau wie andere auch, aber unfähig sind zu emotionalem Ausdruck bzw. sich diesen Ausdruck verbieten aufgrund sozialer Normen, Erziehung etc. Diese Kontrolle von Emotionen hat kurzfristige körperliche Wirkungen und langfristige Folgen. Zahlreiche psychologische Experimente haben dies nachgewiesen:

Wer Gefühlsregungen unterdrückt, ist weniger ausdauernd beim Lösen von Denkaufgaben.

Menschen, die ihre Gefühle unterdrücken, behalten Details emotional bedeutsamer Erlebnisse schlechter im Gedächtnis als die Menschen, die ihre Gefühle ausdrücken.

Menschen mit hoher Gefühlskontrolle werden von Partner/innen als weniger sympathisch und interessant eingeschätzt.

Menschen, die Gefühle wie Angst, Wut und Trauer lieber hinunterschlucken, sind im Durchschnitt pessimistischer und weniger selbstbewusst. Sie neigen eher zu Depression und gehen weniger und eher oberflächliche Freundschaften ein.

»Eine Studie des belgischen Forschers Johan Denollet setzt diesem bedenklichen Fazit das i-Tüpfelchen auf: Der Mediziner vom Universitätskrankenhaus in Antwerpen befragte Menschen, die einen Herzinfarkt erlitten hatten, nach ihren ›emotionalen Gewohnheiten‹. Denollet wollte von den Patienten etwa wissen, wie häufig sie schlecht gelaunt waren oder andere negative Gefühle wie Angst, Wut oder Reue empfanden. Teilten sie ihre Stimmungen eher anderen mit oder behielten sie diese lieber für sich? Als Denollet zehn Jahre später dieselben Patienten erneut kontaktierte, um die Befragung zu wiederholen, waren insgesamt rund fünf Prozent von ihnen inzwischen verstorben. Von jenen jedoch, die sowohl überdurchschnittlich oft negative Gefühle berichtet hatten als auch einen Hang zur emotionalen Erdrückung erkennen ließen, waren ganze 25 Prozent tot! Das entsprach einer fünfmal höheren Sterblichkeitsrate. ›Dampf ablassen‹ scheint also nicht nur menschlich – sondern buchstäblich überlebenswichtig.« (Mauss 2005, S. 42 ff.)

Was hilft?

Auch hier muss, um den Menschen zu helfen, wieder nach den Quellen gesucht werden, die sie dazu bringen, einen Ausdruck ihrer Gefühle zu vermeiden. Oft, so haben wir gemerkt, leiden sie selbst darunter, finden aber keinen Weg aus ihrer anerzogenen oder antrainierten emotionalen Vermeidung. Sie brauchen die Erlaubnis, Gefühle zu zeigen, sie brauchen neue Vorbilder, die sich das erlauben, was ihnen immer verboten war, und sie brauchen viele kleine Experimente des Ausdrucks von Gefühlsregungen. Oft helfen dabei die Möglichkeiten des Musizierens oder Tanzens, des künstlerischen Gestaltens oder der Poesie. Oft kann die Heldin einer Geschichte eher ihre Sehnsucht zeigen als die Autorin, oft erklingt der Zorn leichter auf der Trommel als aus dem Mund.

Wenn Gefühle überschwemmen

Manche Menschen leiden darunter, dass sie »zu viel« fühlen. Noch mehr Menschen haben Angst davor, »zu viel« zu fühlen. Oder sie fürchten, dass andere denken, dass sie »zu viel« fühlen. Die spannende Frage ist, was denn nun dieses ominöse »Zuviel« der Gefühle sein mag.

Was ist der Maßstab des Fühlens? Wir sind der Auffassung, dass es keinen allgemeingültigen Maßstab gibt, und formulierten dies bereits als Regel eins in unserer Grammatik der Gefühle. Es gibt nur zwei Kriterien. Das erste besteht darin, dass es soziokulturelle Formen und Maßstäbe über die Intensität des Fühlens bzw. Nichtfühlens gibt. Als wir einmal an einem Kino vorbeikamen, kamen uns plötzlich Dutzende von Menschen entgegen, deren Augen verweint waren. Sie kamen aus dem Film »Titanic«. Hier gab es kein »Zuviel« in der Bewertung, Gefühle zu haben und zu zeigen. Wer dagegen auf einem Meeting von Bankmanagern, auch das erwähnten wir bereits, Gefühle zeigt, kann sich gleich nach einem neuen Arbeitsplatz umsehen – und wird den im Finanzwesen nur schwerlich finden. Hier ist nicht unbedingt das Fühlen tabu, aber jede Äußerung von Gefühlen. Es gibt nicht nur unterschiedliche Maßstäbe und Normen emotionalen Ausdrucks zwischen den Kulturen, sondern auch in den Subkulturen und den Szenen eines jeden Landes.

Der zweite Maßstab, wann Menschen meinen, »zu viel« zu fühlen, ist das subjektive Erleben und dabei vor allem das subjektiv-individuelle Leiden. Wie sehr sich ein Mensch freut, seine Freude zeigt, wie lange jemand um einen geliebten verstorbenen Menschen trauert, wie stark der Zorn über erlittenes Unrecht, wie »berechtigt« die Scham oder der Ekel in sie auslösenden Situationen ist – dafür gibt es keine objektive oder irgendwie allgemeingültige Skala. Dies ist so verschieden, wie Menschen verschieden sind. Wer die Subjektivität und Individualität des Fühlens anerkennt, wird auch einen Maßstab anerkennen, der individuell unterschiedlich und ganz und gar subjektiv ist: das Leiden. Es gibt Menschen, die zum Beispiel sehr lange und intensiv trauern und dabei mit sich im Reinen sind, während andere darunter leiden, dass ihre Trauer nicht aufhört. Trauer hat wie alle Gefühle keinen objektiven Maßstab. Gefühle haben, wie wir bei den Eigenschaften der Gefühle gesehen haben, kein Maß, also gibt es nur einen individuellen Maßstab, der sich darin äußert, wann Menschen unter dem »Zuviel« ihres Fühlens leiden. Dabei ist nicht alles, was als »zu viel Gefühl« bezeichnet wird, zu viel Gefühl. Wenn in einer sozialen Gruppe oder Subkultur Menschen das Sagen haben und die Normen bestimmen, die vom Gefühl der Gefühllosigkeit oder anderen Formen der Gefühlsarmut, die wir im letzten Kapitel beschrieben haben, geprägt sind, dann mag für sie jede noch so kleine Gefühlsäußerung, sei es ihre eigene oder die von anderen, fremd, bedrohlich oder verachtenswert erscheinen, die für andere Menschen normal und alltäglich ist. Hier ist die Frage, wer die Norm des »Zuviel« bestimmen darf und ob Menschen das Recht haben, sich solchen Normen zu widersetzen.

Das subjektive Leiden am »Zuviel« gilt es ernst zu nehmen, und wie so oft ist es wichtig, es zuerst einmal differenziert zu betrachten, bevor man die Suche nach Hilfen zur Milderung des Leidens beginnt. Vier unterschiedliche Hauptqualitäten des Erlebens von und Leidens am »Zuviel« haben wir beobachtet:

Gefühle »verewigen« sich

Ein Mann litt lange unter dem plötzlichen Unfalltod seiner Frau. Er kam nicht darüber hinweg, zog sich immer mehr von seiner Umwelt zurück, trauerte und trauerte. Da er immer weniger aß, wurde er schließlich krank und von einem befreundeten Arzt zu einem Therapeuten geschickt, um sich helfen zu lassen. Die Therapie bestand anfangs darin, dass er lernte, seinen Schmerz mitzuteilen. Zuvor hatte er einsam und für sich getrauert. Zunehmend wurde sein Schmerz öffentlich im geschützten Raum der Begegnung mit dem Therapeuten, und er bekam Trost und Zuspruch von einem anderen Menschen. Doch all das, was ihn innerlich bewegte, sein Hadern mit dem Schicksal, die vielen wunderbaren (und auch die von ihm nicht erwünschten unangenehmen) Bilder mit seiner Frau und die Erinnerungen an sie, all das, was ihn in seinem Trauerprozess umtrieb, konnte nun erst Ausdruck und so ein Echo in einem Menschen finden, der sich dafür interessierte. Sehr bald setzte er seine Therapie in einer Trauergruppe fort, wo er sich mit anderen Menschen, die ein ähnliches Schicksal erlitten hatten, austauschte und wieder begann, Interesse an anderen Menschen zu zeigen.

Was hilft?
Gefühle brauchen Ausdruck und Resonanz. Der Ausdruck ist der Anfang, damit Gefühle mitgeteilt werden können, damit sie sichtbar und gehört werden können. Nur dann können sie Resonanz in Menschen finden, die sich interessieren, und in Menschen, die Ähnliches gefühlt haben und fühlen. Alle Gefühle neigen dazu, irgendwann zu verblassen und neuen Gefühlen Platz zu machen, doch dazu brauchen sie Ausdruck und Austausch, sonst verewigen sie sich und führen zu Leiden.

Gefühle haben einen Subtext: ungelebtes Leben

Der Jähzorn zum Beispiel speist sich oft aus Erfahrungen ungelebten Lebens. Jeder Mensch hat ungelebtes Leben, jede Entscheidung auf dem Lebensweg ist nicht nur eine Entscheidung für etwas, sondern auch gegen etwas, sodass immer wieder ungelebtes Leben entsteht und hinter sich gelassen wird. Wenn ich mich für einen Beruf entscheide, entscheide ich mich damit gegen andere Berufe. Manches ist im Laufe des Lebens revidierbar, anderes bleibt ungelebtes Leben und muss ungelebtes Leben bleiben. In jedem Menschen steckt aber auch ungelebtes Leben, das gelebt werden möchte, Träume, Sehnsüchte, Leidenschaften, die verwirklicht werden wollen. Erhält dieses ungelebte Leben keinen Raum, kann es sich in diffuse Erregungsschübe verwandeln, die manchen Gefühlen wie dem Jähzorn eine Kraft und Intensität geben, die von den fühlenden Menschen selbst (und von ihrer Umgebung) als »zu viel« erlebt werden.

Was hilft?

Der jähzornige Mensch mag seinen Jähzorn hassen und alles versuchen, um ihn abzulegen. Diese Versuche bestehen oft darin, ihn zu kontrollieren und »vernünftig« mit der Aggressivität umzugehen. Doch solange der ungestillte Hunger des ungelebten Lebens wie die Lava eines Vulkans nach oben drängt, wird es immer wieder Ausbrüche geben, die mit Vernunft allein nicht gezähmt werden können. Hier gilt es, den Jähzorn erst einmal beiseitezulassen, ihn aus dem Mittelpunkt der Aufmerksamkeit im therapeutischen Prozess an den Rand zu schieben und dem ungelebten Leben mit den Kränkungen, die Lebendigkeit verhindert haben (s. hierzu auch das Beispiel in Regel 1 der Grammatik der Gefühle), nachzuspüren, es zu identifizieren und ihm so weit wie möglich Spielräume zu eröffnen.

Gefühle haben langen Nachhall: Trigger

Die junge Frau, die, wenn sie Schritte von Männern hinter sich hört, unter Angstattacken leidet, die Lehrerin, die, wenn sie meint, einen Fehler gemacht zu haben, in enormen Schuldgefühlen und Hilflosigkeit versinkt, der hochbetagte Bewohner eines Altenheims, der beim lauten Zuschlagen einer Tür zu zittern beginnt und sich vor dem vermeintlichen Einschlagen von Artilleriegranaten in Sicherheit zu bringen versucht – sie alle haben eines gemeinsam: Ihre aktuellen Gefühle wurzeln in unbewältigten Situationen der Vergangenheit, in der Regel in traumatischen Erfahrungen. Traumatische Erfahrungen sind Situationen, die für einen Menschen subjektiv existenzbedrohlich sind, in seiner physischen, aber auch in seiner psychischen Existenz, und ihn in seiner Intimität und Unverletzlichkeit bedrohen. Solche Erfahrungen führen zu einem traumatischen Erleben, das, wenn es nicht aufgefangen und bewältigt wird, einen langen Nachhall haben kann, monate-, jahre-, jahrzehntelang. Irgendwelche Auslöser, in der Fachsprache »Trigger« genannt, können das traumatische Leben wieder so lebendig werden lassen, als würde die Bedrohung jetzt erfolgen und so zu einer Intensität des Fühlens führen, die als »zu viel« erlebt wird.

Wenn Menschen auf diese Art und Weise von Gefühlen überschwemmt werden, dann können sie oft nicht mehr wirklich entscheiden, ob ihre Reaktion für die zu bewältigende aktuelle Situation die angemessene Intensität hat oder ob ihre emotionale Wirkung vor allem der vergangenen existenziell bedrohlichen Situation entspricht. Das birgt zwangsläufig die Gefahr in sich – und wir erleben Menschen in der Therapie da häufig in großer Verzweiflung –, die Bedrohung sowohl zu überschätzen als auch manchmal tragischerweise zu unterschätzen. Damit können traumatisierte Menschen wieder in eine physisch oder psychisch existenziell bedrohliche Situation geraten, indem zwar sämtliche Alarmglocken in ihnen läuten, sie sich aber so verhalten, als würden sie sie nicht hören: »Der Mann kann doch nichts dafür, dass er das gleiche Lachen wie mein Peiniger hat«, »Die Schüler wollen mir bestimmt nichts Böses« usw. usw.

Was hilft?

Es ist wichtig und notwendig, Trost zu spenden und Halt zu geben, also etwas anzubieten, was die Opfer beim Traumaereignis und danach in der Regel nicht erhalten haben. Die meisten Menschen waren in ihrem Traumaerleben allein und blieben es danach, sodass sie das Trauma nicht bewältigen konnten. Hier Sicherheiten zu vermitteln ist das Erste und Wichtigste, was notwendig ist. Darüber hinaus gilt es natürlich, das Trauma als solches zu identifizieren und festzustellen: Ja, da war etwas, was nicht bewältigt werden konnte, was die Kraft und die Möglichkeiten überstieg, – gemeinsam und mit Orientierungshilfe des Therapeuten oder der Therapeutin. Ein Weg der Bewältigung eröffnet sich mit entsprechender professioneller, solidarischer Hilfe.

Oft hören wir von Klient/innen, dass ihnen vorgeworfen wird, »zu empfindlich« zu sein.

Manche kennen diesen Vorwurf, solange sie sich erinnern können. Sie leiden darunter und halten sich für »zu dünnhäutig«, »lebensuntüchtig« oder »nicht abgegrenzt« genug. Wir schlagen in der therapeutischen Auseinandersetzung mit diesem Thema zumeist zweierlei vor: Zuerst einmal bitten wir, zu differenzieren zwischen der Selbsteinschätzung und den Bewertungen, die von außen kommen – ein manchmal mühsamer, aber immer lohnender Prozess. Und wir schlagen vor, das Wort »empfindlich«, das für viele einen abwertenden Klang bekommen hat, durch ein anderes Wort zu ersetzen, zum Beispiel das Wort »empfindsam«. Hier verändert sich bei vielen die Haltung. Sie kommen zu dem Ergebnis: »Ja, ich bin empfindsam. Und das ist auch gut so, dadurch bekomme ich viel mit. Manchmal leide ich darunter, dass zu viel in mich hineinströmt. Aber meine Empfindsamkeit ist keine negative Eigenschaft, sondern eine Kompetenz, eine Fähigkeit.« So bekommt die Selbstwertschätzung statt der Selbstabwertung eine Chance.

Eine hohe Empfindsamkeit ist eine Eigenschaft, die an sich weder positiv noch negativ ist. Es kommt darauf an, wie Menschen mit ihr umgehen und ob die Umwelt sie abwertet oder achtet. Wir verwenden als Fachbegriff die Bezeichnung »Hochsensibilität« – und nicht das manchmal gebräuchliche Wort »Hypersensibilität«, in dem durch das »hyper« (gleich: über) eine pathologische Dimension, zumindest eine Abwertung, enthalten ist. Ähnlich wie hochbegabte Menschen brauchen hochsensible Menschen eine Umgebung, die ihre Fähigkeit achtet und würdigt und ihnen hilft, persönlichen Nutzen aus ihr zu ziehen, selbstbestimmt und selbstbewusst zu leben und Beziehungen mitzugestalten. Für viele Tätigkeiten in Berufen, in denen Menschen mit Menschen arbeiten, ist es sinnvoll, dass Menschen hochsensibel spüren, was andere empfinden. Wir wünschen uns für uns, unsere Familie und unsere Freunde und Freundinnen, dass wir in Krankenhäusern und Schulen, in Beratungsstellen und Kindergärten eher mit Menschen zu tun haben, die empfindsam für uns sind, als mit solchen, die »cool« und »abgegrenzt« von unseren Nöten und Ressourcen nichts mitbekommen.

Hochsensibilität mag bei manchen Menschen angeboren sein, unterschiedliche Naturelle sind wahrscheinlich auch erblich bedingt. Die meisten Menschen, die uns als hochsensible begegnen, sind allerdings vor allem durch ihre persönliche Geschichte hochsensibilisiert worden. »Ich musste meine Antennen immer ausgefahren lassen, damit ich ja nicht verpasse, falls doch jemand mal ein nettes Wort über mich sagt«, erzählte eine Frau. Und eine andere sagte: »Mein Vater konnte jeden Augenblick explodieren. Wenn er nach Hause kam, versuchte ich schon am Gang auf der Treppe zu hören, ob er getrunken hatte. Und wenn er zu Hause war, waren meine Mutter und ich immer in Hab-Acht-Stellung.« Wer so oder so ähnlich aufwächst, dessen Antennen wachsen mit jedem Lebensmonat und dessen Sinne sind geschärft.

Was hilft?

Hochsensibilität ist eine Überlebensstrategie, eine Reaktion auf Lebensbedingungen. Gelingt es, in der Therapie die Entstehungsbedingungen hoher Empfindsamkeit herauszuarbeiten, öffnen sich für die Klient/innen Türen zum Verständnis. Der Weg wird frei, nicht mehr mit sich zu hadern bzw. sich nicht mehr abwerten zu lassen, sondern Schutz gegen Überforderung zu suchen, wo dies als notwendig erlebt wird, und gleichzeitig zu versuchen, das Potenzial der hohen Sensibilität selbstbewusst zu nutzen. Nicht nur die Hochsensibilisierung hat sich biografisch entwickelt, die meisten hochsensiblen Menschen haben auch verschiedene Bewältigungsstrategien entwickelt, wie sie mit ihrer hohen Empfindsamkeit umgehen. Manche haben sich gepanzert und versuchen, sich gegen ihre Dünnhäutigkeit zu schützen, indem sie hohe Mauern der scheinbaren Unberührbarkeit aufbauen. Andere fliehen vor all dem, was auf sie einströmt, in den Alkohol oder andere Drogen. Bei einigen fließt an Außeneindrücken viel mehr in sie hinein, als sie wieder hinauslassen können – so bauen sich eine innere Erregung und Hochspannung auf, die sich körperlich an der Grenze zur Umwelt als Haut-Hochsensibilität (= Neurodermitis) zeigt oder sporadisch in der Migräne entlädt. So individuell, wie die Faktoren sind, wie sich eine Hochsensibilisierung entwickelt, so unterschiedlich sind die persönlichen Bewältigungswege.

Besonders häufig ist uns die Hochsensibilisierung in der therapeutischen Arbeit mit Kindern begegnet, die gemeinhin als »hyperaktiv« bzw. »ADS/ADHS-Kinder« bezeichnet werden. Fast immer zeigt sich, dass ihre Unruhe mit hoher Empfindsamkeit und Dünnhäutigkeit verbunden ist, ja ihr entspringt. Manche Kinder, auf die mehr einströmt, als sie subjektiv verarbeiten können, verstummen und ziehen sich zurück. Andere werden unruhig und bleiben in der Dauererregung stecken. Dass dann im Erleben der Welt nicht mehr zwischen wichtig und unwichtig differenziert werden kann, sondern dieses Erleben diffus bleibt, dass die Aufmerksamkeit nicht mehr auf etwas Bestimmtes fokussiert werden kann, ist eher eine Folge der Hochsensibilisierung als eine Ursache des Leidens, wie üblicherweise vermutet wird. Wird das ADS/ADHS-Syndrom so als ein Ausdruck dessen verstanden, wie Kinder mit dem umgehen, was auf sie einströmt und was sie nicht bewältigen können, kann gewürdigt werden, wie diese Kinder sich und die Welt erleben.

Je nachdem, was sich unter dem »Zuviel« des Fühlens individuell verbirgt, je nachdem, welche Quellen das Überborden von Gefühlen hat, je nachdem, wo die emotionale Überschwemmung entspringt, braucht es unterschiedliche Strategien des Umgangs damit. Darauf haben wir hingewiesen. Doch auch jenseits dieser vier Hauptqualitäten überschwemmender Gefühle gibt es Situationen, in denen Menschen darunter leiden, dass sie von ihren Gefühlen oder einem konkreten Gefühl zu sehr überwältigt werden. Auch hierfür möchten wir einige Hinweise geben.

Die wichtigste Empfehlung besteht darin, dem Gefühl einen Ausdruck zu verleihen und es mit anderen Menschen zu teilen. Wenn Sie auf ihr krankes Kind zornig sind und es mit ihrem Zorn nicht belasten wollen oder wenn sie innerlich gegen ihren Chef wüten, aber aus Angst um ihren Arbeitsplatz ihrer Wut nicht Raum geben können, dann gehen Sie zu einer anderen vertrauten Person und legen sie los … Teilen Sie Ihr Gefühl, statt es in sich hineinzufressen, und geben Sie ihm Ausdruck. Der Ausdruck kann körperlich sein, indem Sie zornig auf den Tisch hauen oder hin und her laufen, oder poetisch, indem Sie Ihrer Trauer in einem Abschiedsbrief Ausdruck verleihen; Sie können Ihre Hilflosigkeit malen und kommen damit aus der Erstarrung heraus oder Sie nehmen ein Musikinstrument und spielen und lassen Ihre Angst erklingen und geben ihr damit die Möglichkeit, sich zu verwandeln. Oder Sie reden einfach mit anderen und erzählen über das, was Sie emotional bewegt. Wichtig ist der Ausdruck. Manchmal reicht es, dies für sich allein zu tun, zumeist braucht es Adressaten oder Adressatinnen, braucht es andere Menschen, die zuhören, die erwidern, die teilen, die mitfühlen. Dann wird das Gefühl seine Kraft verlieren, sich verlaufen, nicht sofort verschwinden, aber sich abschwächen.

Ein weiterer genauso wichtiger Tipp besteht darin, die Ebene zu wechseln. Wenn ein Mensch auf der Ebene des Fühlens nicht weiterkommt, weil die Gefühle zu stark sind und ihn leidenschaftlich überschwemmen, dann kann es sinnvoll sein, auf die Ebene des Denkens oder die Ebene des körperlichen

Agierens zu wechseln (wir wissen natürlich, dass beim Fühlen immer auch körperliche und Denkprozesse beteiligt sind, es geht um die Aufmerksamkeit auf das Vorherrschende). Zum Denken gehört das Abwägen ebenso wie das Aufschreiben. Dazu zählen vor allem auch Imaginationen, also innere Bilder, die spontan entstehen und ernst genommen werden und die dann, wie in einem Film, dessen Regisseur Sie sind, weitergesponnen werden.

Viele Menschen helfen sich bei überschwemmenden Gefühlen damit, körperlich aktiv zu werden, indem sie joggen oder einen anderen Sport betreiben, die Wohnung putzen oder den Garten umgraben. Andere gehen ausgiebig spazieren oder legen Musik auf und tanzen. Wie auch immer. Der Wechsel vom Fühlen zum Denken oder zum körperlichen Tun ist für viele Menschen hilfreich.

Und ein dritter Hinweis: Rituale und Symbole können hilfreich sein. Wer von der Trauer überschwemmt wird, mag auf ein helfendes Ritual zurückgreifen, sich an einen guten Platz in der Wohnung setzen und eine Musik hören, die ihn in seiner Trauer abholt, aber dort nicht belässt. Andere brauchen bei überschwemmenden Gefühlen bestimmte Orte in der Natur, die ihnen Boden, Kraft und Halt geben, um von den Gefühlen, unter denen sie leiden, nicht überschwemmt zu werden. Wer Angst hat und manchmal von der Angst überwältigt zu werden droht, mag sich einen Schutzengel oder andere Angstfresser als Symbol gestalten oder schenken lassen. Wen Ekelgefühle zu überwältigen drohen, der kann sich über ein vertrautes Atem-Bewegungs-Ritual davon befreien … Wir haben in den Bänden der *Bibliothek der Gefühle* zu konkreten Gefühlen noch zahlreiche Hinweise für Rituale und Symbole gegeben, falls Sie noch mehr darüber wissen möchten.

Nachwort: Gefühle würdigen

Unsere Texte sind so verfasst, dass sie verständlich sind und über therapeutische Fachkräfte hinaus ein breites Publikum ansprechen. Was unsere Methode angeht wollen wir die Landschaft der Gefühle, genauer gesagt der affektiven Leibregungen: Gefühle, Stimmungen und Befinden, erforschen. Dies geschieht nicht mit Statistik oder Reagenzglas, sondern mit der phänomenologischen Untersuchungsmethode (Phänomene = Erscheinungen).

Die Erforschung beginnt mit einer Überlegung, die redlicherweise am Anfang einer jeden Untersuchung stehen sollte, der Frage nach der Motivation, die zu dem Forschungsvorhaben, hier zum Beispiel zum *Abc der Gefühle* und zu *Das große Buch der Gefühle* geführt hat.

Warum wir uns daran begeben haben, über Gefühle zu schreiben, hat zwei Beweggründe. Unsere Arbeit will erstens ein Plädoyer für eine wahrhaftige Würdigung der Gefühle im Zusammenleben der Menschen sein. Zweitens halten wir es für notwendig, die Landschaften der Gefühle systematisch zu erforschen, um nützliche Ergebnisse für die helfende und heilende Arbeit mit Menschen zu gewinnen.

Man könnte meinen, Gefühle würden im Zusammenleben der Menschen genug gewürdigt. Sind nicht die Fernsehserien und Filme voller emotionaler Ausbrüche? Wird nicht jedes Produkt, jede Dienstleistung mit gefühlvollen Geschichten und Versprechen beworben? Die Margarine mit der Sehnsucht nach Schönheit und Gesundheit, die Versicherung mit der Angst und dem Bedürfnis nach Sicherheit, das Auto mit der Eitelkeit?

Wir meinen, Gefühle werden nicht angemessen gewürdigt. Nicht genug gewürdigt werden die Gefühle, die die Menschen leben, im Vordergrund der öffentlichen Wahrnehmung stehen diejenigen, die angeblich von Joghurts oder Autos produziert werden.

Es gibt weite Bereiche der Gesellschaft, in denen Gefühle tabuisiert werden. Uns fallen besonders auf:

Das Business, die Geschäftswelt. Es wird so getan, als herrschten hier die reine Vernunft und Sachlichkeit. Die Wirklichkeit sieht anders aus. Große Teile der Energien gehen in Konkurrenz und Behauptungskämpfe; Neid, Eifersucht, Angst und viele andere Gefühle, die offiziell nicht sein dürfen, bestimmen das Verhalten.

Teile der Psychiatrie. Wer traumatisiert ist, sucht Verständnis – darf aber oft über seine Ängste nichts erzählen, da die Gefühle sonst »zu viel« sein könnten. Für wen eigentlich, für die Erkrankten? Oder für die Helfenden? Wer im psychotischen Wahn lebt, ist voller Gefühle, die sich in den Wahnbildern austoben. Doch diese Wahnbilder werden oft nicht ernst genommen und die emotionale Not nicht in ihnen gesucht, sondern sie werden nur als Krankheitssymptom zu beseitigen versucht. Die Demenz wird von den Betroffenen als verzweifelter Zusammenbruch erlebt, mit Scham, mit Furcht, mit Wut, ist in manchen medizinisch-psychiatrischen Lehrbüchern »offiziell« aber nur eine Störung der kognitiven Fähigkeiten (und allenfalls eine Schwächung emotionaler »Kontrolle«). Gefühle werden in der Psychiatrie oft noch mit Gefühlsstürmen gleichgesetzt, denen man ohnmächtig ausgesetzt sei. Die Folge ist: Viele Patient/innen werden mit ihren Gefühlen alleingelassen.

Die Schule, die Bildung. Wenn Schüler/innen klagen, dann emotional: Sie fühlen sich übersehen, gemobbt, geängstigt, verloren. Wenn Lehrer/innen klagen, dann emotional: Sie fühlen sich überfordert und im Stich gelassen, angegriffen und missachtet, hilflos und zornig. Wo aber haben die Gefühle in der Schule ihren Platz? Wo in der Lehrer/innenausbildung?

Dazu kommt, und das ist uns am wichtigsten, dass die meisten unserer Klient/innen an ihrem emotionalen Erleben leiden. Manche an ihrer Gefühlsarmut, andere an ihrer emotionalen »Über«-Empfindlichkeit. Manche daran, dass sich einzelne Gefühle wie die Wut, die Angst oder die Scham zu verselbstständigen scheinen, andere daran, dass ihnen einzelne Gefühle wie der Ärger abhandengekommen sind. Viele leiden unter Mustern, in denen Gefühle eine wichtige Rolle spielen, zum Beispiel: »Immer, wenn ich mich für einen Mann näher interessiere, werde ich misstrauisch und lasse in meinem Kopf einen Film ablaufen, was alles Schlimmes von ihm ausgehen kann, sodass ich gar nicht erst konkret mit ihm in Kontakt komme.« Oder: »Meine Angst wird jedes Jahr im November so groß, dass ich mich zwingen muss, aus dem Haus zu gehen. Ich gehe dann wie durch einen Nebel und nehme kaum etwas wahr.«

Solche Erfahrungen bestätigen uns in der Auffassung, dass die Gefühle für die meisten Menschen ein wichtiges Thema sind. Die Inflation der Gefühle in den Medien und der Werbung ist kein Argument dagegen, dass Gefühle mehr Aufmerksamkeit und Wertschätzung brauchen. Dieses Gerede von Gefühlen ist kein Gefühl, ist Lametta und nicht wahrhaftig, zeigt nur das Problem, nicht die Lösung, ist Zeichen der emotionalen Bedürftigkeit, nicht Teil ihrer Befriedigung.

Ratgeber? Klassifizierung?

Um eine wahrhaftige Würdigung der Gefühle ging und geht es uns. Deswegen haben wir die *Bibliothek der Gefühle* und *Das Abc der Gefühle* begonnen. Es verbietet sich deshalb auch, die einzelnen Bände als Ratgeber zu verfassen. Wie »man« mit der Wut umgehen muss und wie die Ängste in drei Schritten »beseitigt« werden können, an Publikationen darüber herrscht kein Mangel. Dem brauchen wir nichts hinzuzufügen. Wir wollen stattdessen Gefühle beschreiben, in ihren Zusammenhängen wie in ihren Details, in dem, wie Menschen in und unter ihnen leiden, und darin, wie sie sich und damit das Leiden verändern. Dabei erzählen wir viele Geschichten von Menschen, die wir in unserem Alltag und in unseren Therapien kennengelernt haben, die wir befragt und von denen wir gelesen haben. Wir erzählen Geschichten, von denen wir hoffen, dass sich die Leser/innen in der einen oder anderen wiederfinden.

Auch wenn wir keinen Rat geben, können Lesende in den Beschreibungen und Erzählungen Rat finden. Welchen Rat, das wird individuell verschieden sein, so unterschiedlich, wie die Menschen sind. Wir bitten die Lesenden, sich aus unseren Büchern wie aus einem Buffet das herauszusuchen, was für sie schmackhaft und bekömmlich ist.

Als wir im Zusammenhang mit unserer therapeutischen Arbeit begannen, uns intensiver für die Gefühle zu interessieren, suchten wir auch in der psychologischen Forschungsliteratur nach Antworten. Wir wissen zwar, dass Therapie wegen der Einzigartigkeit jedes Menschen keine Wissenschaft sein kann, fordern aber von anderen und von uns, dass Therapeut/innen sich die wissenschaftlichen Erkenntnisse zunutze machen müssen. Was wir gefunden haben, hat uns, gelinde gesagt, erschreckt. Die Hälfte der Bücher und Artikel psychologischer Wissenschaft zu Emotionen beschäftigt sich mit Statistik – welches Gefühl wird von Befragten wann wie häufig genannt, zum Beispiel wenn ihnen ein bestimmtes Bild gezeigt wird. Da wir in der Therapie mit konkreten Individuen arbeiten und nicht mit Bevölkerungen oder großen Gruppen und da wir unseren Klient/innen auch keine Bilder zeigen, um damit emotionale Reaktionen hervorzurufen, können uns solche statistischen Ergebnisse nicht weiterhelfen. Die andere Hälfte der Bücher und Artikel befasst sich mit Klassifizierungen der

Gefühle und versucht zu beweisen, dass es »eigentlich« nur vier, fünf, sieben oder elf »Grundgefühle« gibt. Solche Klassifizierungen helfen uns ebenso wenig, da wir nicht auf die Idee kommen, Klient/innen zu sagen, dass ihre Sehnsucht eigentlich nur eine abgeleitete Form des Grundgefühls des Interesses sei und dass die Liebe, nach der sie sich sehnen, »eigentlich« nur eine Täuschung sei und kein Gefühl …

Die psychologische Forschung zu den Gefühlen ist in vielen Veröffentlichungen grundlegend reduktionistisch. Das heißt, der Gegenstand der Forschung wird auf das reduziert, was quantitativ messbar ist.

Diese Art von wissenschaftlicher Forschung half uns nicht weiter. Wir fanden mehr über Emotionalität in Romanen und Erzählungen, in Sinfonien und Bildern, in Songs und Gedichten als in dem, was als Wissenschaft firmierte. Also beschlossen wir, uns selbst mit unseren bescheidenen Möglichkeiten an die Erforschung der Gefühle zu machen. Unsere Hypothese war und ist, dass ein konkreteres und tieferes Verständnis der einzelnen Gefühle ebenso möglich ist wie ein Durchdringen der Zusammenhänge zwischen unterschiedlichen Gefühlen und Lebenserfahrungen, körperlichem Erleben und anderem mehr. Dazu durfte es nicht um Abstraktion und Reduktion gehen (wie bei der Reduktion auf wenige »Hauptgefühle« oder um die körperlichen und sonstigen messbaren Äußerungen von Gefühlen), sondern um das Gegenteil von Reduktion, um Ausbreitung, um Entfaltung und Konkretisierung.

Die phänomenologische Forschungsmethode

Da Gefühle Aspekte des Erlebens sind und damit subjektiv und individuell, erweisen sie sich als sperrig gegenüber naturwissenschaftlichen Methoden der Quantifizierung oder wiederholbarer Experimente. Qualitative Untersuchungsmethoden waren und sind notwendig. Die Forschungsmethode, die wir benutzten und der wir weiterhin folgen, ist, wie bei unseren anderen Projekten, die Methode phänomenologischer Forschung. Diese beinhaltet folgende Elemente bzw. Schritte:

Der Anfang besteht darin, den Untersuchungsgegenstand zu definieren und sich so weit wie möglich leer zu machen von Vorannahmen und Vorurteilen, die dieses Thema betreffen. Wir Menschen fangen nie »bei null« an, haben immer schon Vorwissen (was gut ist) und Vorurteile (was schlecht ist, weil sie den Blick einengen oder verfälschen können). Sich »leer« zu machen beinhaltet auch, solche Vorannahmen zu sichten und zu überprüfen, sie, wenn möglich, beiseitezustellen und mit einem offenen, schweifenden Blick an den Untersuchungsbereich heranzutreten.

Der zweite Schritt besteht darin, zu schauen, zu hören, zu fragen, zu lesen, zu sammeln usw., mit allen Möglichkeiten, sich dem Untersuchungsgegenstand zu nähern. Hier ist entscheidend, noch nicht zu sortieren, zu bewerten oder zu gewichten, sondern die verschiedenen Erscheinungsformen, die Phänomene, ernst zu nehmen.

Der dritte Schritt führt dann dazu, nach Mustern zu suchen, also nach sich wiederholenden Zusammenhängen. Hier ist wichtig, dass diese Zusammenhänge nicht nur in Ursache-Wirkungs-Ketten gesehen werden, sondern in Verbindungen unterschiedlicher Art. Zusammenhängen können Phänomene wie zum Beispiel Gefühle auch, wenn sie nebeneinander existieren oder ein Gefühl sich in ein anderes verwandelt, Gefühle umgetauscht oder von Subtexten begleitet werden usw. All das sind Zusammenhänge, die jenseits der Kausalitäten Muster bilden können.

In allen Untersuchungsschritten gilt es zu beachten, dass der Untersuchungs-»Gegenstand« Menschen bzw. deren Lebensäußerungen sind. Also müssen in der Untersuchungsweise deren Subjektivität und individuelle Einzigartigkeit respektiert werden. Es darf und kann folglich nicht nach Allgemeingültigkeiten gesucht werden oder nach »Gesetzen«, vielmehr nach Häufungen und Mustern, die für viele Menschen zutreffen können, nie aber für alle.

Die einzelnen Schritte dieses Untersuchungswegs finden sich in unseren Veröffentlichungen nur in kleinen Teilen wieder. Aus der Fülle des Materials und den gewonnenen Einsichten eine lesbare und verständliche Veröffentlichung zu erstellen ist ein weiterer Schritt, oft die größere Herausforderung als die Untersuchung: das Material zu »bändigen«, zu gliedern, was kaum zu gliedern ist, und den Weg zwischen verallgemeinernder Darstellung und Würdigung der individuellen Persönlichkeit zu finden.

Unsere Untersuchungen sind nicht abgeschlossen, wir sind »mittendrin«. Wir waren und sind weiterhin neugierig auf das, was uns auf diesem Weg, Gefühle konkret zu betrachten, begegnet. Manches, was wir gefunden haben, war uns schon in der therapeutischen Arbeit begegnet, anderes war neu für uns und hat wiederum unser Leben und unsere Arbeit bereichert. Wir begegneten zahlreichen Differenzierungen wie der zwischen der natürlichen Scham, der Beschämung und der existenziellen Scham und merkten, dass die Beschäftigung mit jedem neuen Gefühl wieder neue Türen öffnete. Jedes Mal galt und gilt es, sich wieder »leer« zu machen und mit offenem, interessiertem Blick sich der neuen Landschaft eines neuen Gefühls zuzuwenden.

Woraus wir schöpfen

Seit Anfang der Neunzigerjahre sammeln wir Material. Manches begegnete uns, vieles suchten und suchen wir gezielt. Dabei greifen wir vor allem auf Folgendes zurück:

Themenzentrierte narrative Interviews

Narrative Interviews werden üblicherweise offen geführt, Nachfragen dienen nur der Verdeutlichung und Konkretisierung. Thema ist in der Sozialforschung der interviewte Mensch, sein Leben, seine Erinnerungen usw. Wir nutzten die Methodik des narrativen Interviews, vereinbarten aber ein Interview zum Thema eines Gefühls. Dabei leuchteten die Interviewten immer von sich aus den Kontext des Gefühls aus, seine Zusammenhänge mit biografischem Erleben, mit sozialen Lebensbedingungen, mit anderen Gefühlen, Wertvorstellungen, Normen, Körpererfahrungen usw.

Biografien

In Lebenserinnerungen und -beschreibungen wird immer auch beschrieben, wie ein Mensch mit Gefühlen umgeht, welche ihn besonders umtreiben, ja manchmal sein Leben prägen. Hier geht es weniger um Momentaufnahmen als um langfristige emotionale Prozesse. Wir werteten bis heute mehr als 150 Biografien aus. Wenn uns ein Lebensweg besonders fruchtbar für die Untersuchung eines Gefühls schien, zogen wir weitere biografische Dokumente hinzu.

Poesie

In Romanen und Erzählungen finden wir Beschreibungen sowohl einzelner Phänomene der Gefühle als auch von Mustern emotionaler Prozesse. Poesie ist die Sprache des Erlebens und die erlebte Sprache. Viele Autorinnen und Autoren identifizieren sich mit Menschen, realen oder geschaffenen, sammeln Phänomene ihres Erlebens und setzen sie so miteinander in Verbindung, dass Strukturen emotionalen Ausdruckes und emotionalen Kontaktes sprachlichen Ausdruck finden.

Veränderungen emotionaler Muster in therapeutischen Prozessen

Jeder Mensch bildet emotionale Muster heraus, wie er wann fühlt und mit seinen Gefühlen umgeht. Diese Muster können so verhärten, dass Menschen unter ihnen leiden. Und sie können aufweichen und sich verändern. In Biografien kann man diesen Prozess in seiner meist langfristigen Entwicklung studieren. In der Therapie sind wir Beteiligte an Veränderungen, die im Vergleich dazu kurzfristig sind. Die Klient/innen teilen uns kompetent ihre Gefühle mit und wir dürfen Zeugen ihrer Entdeckungen und Veränderungen sein.

Wenn die wissenschaftlichen Ergebnisse der Psychologie zu diesem Thema uns doch schon so weitgehend nutzlos erschienen, so suchten wir doch in den Nachbardisziplinen. Und wurden fündig. Die phänomenologische Philosophie bot uns Begriffe des Erlebens und den Weg der phänomenologischen Untersuchung (ihre Wurzeln bei Edmund Husserl und die weiteren Entwicklungen und Differenzierungen hier darzulegen würde den Rahmen dieses Beitrags sprengen). Die Neurowissenschaften boten Beweise, dass eine von Denken und Körper isolierte Emotionalität nicht existiert, sondern dass Gefühle wesentliche Bewertungs- und damit Steuerungsfunktionen in allen Prozessen des Organismus innehaben.

Entstanden sind bislang aus alldem sowohl eine Beschreibung konkreter Gefühle als auch nach und nach die Ausbreitung einer Landschaft der Gefühle. Der Begriff der Landschaft ist uns immer wertvoller geworden, da er treffend beschreibt, wie unterschiedlich sich Gefühle präsentieren, je nachdem, von wo aus man blickt, wie der Blick hier oder dort betrachtend hängen bleibt, dann wieder über das Panorama schweift, wie es Tausende Einzelheiten gibt, von denen jede für sich genommen wichtig und betrachtenswert ist und doch gleichzeitig Teil eines Ganzen, Teil einer Landschaft.

In dieser Landschaft sehen wir Strukturen, Muster und Zusammenhänge, Gleichartiges und Unterscheidbares, Regeln und Ausnahmen. Diese beschreiben wir in Teilen anhand der Untersuchungen der einzelnen Gefühle, wie das Gerichtetsein bei Wut und Zorn. Es reicht nicht, die Besonderheit einer »Logik« der Gefühle in Unterscheidung zur Logik der Vernunft zu behaupten, es ist notwendig, sie zu beschreiben, ihre Regeln, ihre Strukturen. Da wir das, was wir herausgefunden haben, eher mit den Strukturen einer Sprache vergleichen können als mit der Logik, reden wir von einem Abc und einer Grammatik der Gefühle (grammatikalische Regeln kennen zum Beispiel immer Ausnahmen, logische Regeln nicht).

Drei Richtungen

Schlagen wir noch einmal einen Bogen zum Anfang dieser Überlegungen, in dem wir unsere Motivation beschrieben haben, uns mit Gefühlen zu beschäftigen. Ein tiefer Ausgangspunkt unseres Interesses ist das Leiden der Menschen an ihren Gefühlen und daran, wie ihnen Gefühle entgegengebracht werden (und wie nicht). Wir kennen unser persönliches Leiden und wir sind als Mann und Frau, als Eltern, als Freund und Freundin, als Kollege und Kollegin sowie als Therapeut und Therapeutin immer mit dem Leiden anderer Menschen konfrontiert. Wir fühlen mit und wollen hilfreich sein.

Deshalb ist die Untersuchung der Gefühlslandschaften und der Sprache der Gefühle auch eine Reise in unsere Geschichte. Die Beschäftigung mit der Angst ist auch eine mit unseren Ängsten, die Gefühle der Kinder sind auch Gefühle, wie wir sie als Kinder fühlten. Insofern wenden sich unser Blick und unser Empfinden immer in drei Richtungen: nach innen zu uns selbst und unserer Geschichte, nach außen zu den Menschen, mit denen wir leben und mit denen wir arbeiten, und über die Identifikation mit der emotionalen Welt der anderen zu denjenigen, von denen wir hören und lesen.

Über Gefühle kann man nicht schreiben, ohne mitzufühlen. Zur Methode phänomenologischer Forschung gehört, die persönliche Beteiligung nicht hinter scheinbarer Objektivität zu verstecken, sondern sie als notwendigen Bestandteil der Untersuchungstätigkeit anzuerkennen. Damit dennoch Forschung betrieben wird, also über den Rand der persönlichen Betroffenheit hinausgeschaut werden kann, sind die vorhergehenden Schritte der phänomenologischen Untersuchungsmethode ebenso notwendig wie die Fähigkeit und Bereitschaft zum Perspektivwechsel. Die persönliche Perspektive, aus der auf die Angst geschaut wird, ist wichtig und notwendig und gleichzeitig nur eine von vielen. Es gibt daneben die Perspektiven der Klient/innen, der Interviewten, der biografisch Beschriebenen und zahlreicher anderer Menschen. Wenn phänomenologische Forschung fähig ist, ein Thema aus verschiedenen Perspektiven zu betrachten und anzugehen, dann kann (oft: muss) der persönliche Blickwinkel ein wichtiger und notwendiger Bestandteil sein.

Literaturverzeichnis

Baer, U. (2001): Erlebend in die Welt. Säuglingsforschung und die Folgen. In: Baer, Udo (2004): *Neurowissenschaften, Säuglingsforschung und Therapie. Summaries, Anregungen, Folgerungen.* KompetenzKompakt Band 1. Neukirchen-Vluyn

Baer, U.; Frick-Baer, G. (2001 ff.): *Bibliothek der Gefühle.* mehrere Bände. Neukirchen-Vluyn. Ab 2008: Weinheim und Basel

Berthoz, S. (2005): Alexithymie. In: *Gehirn & Geist* 3/2005, S. 64–69

Bowlby, J. (2006): *Bindung, Trennung, Verlust.* 3 Bände. München

Breuer, H. (2007): Moral braucht Gefühl. In: *SZ*, 22.3.2007

Damasio, Antonio R. (1997): *Descartes' Irrtum. Fühlen, Denken und das menschliche Gehirn.* München.

Decker-Voigt, H.-H. (1999): *Mit Musik ins Leben.* Kreuzlingen

Dornes, M. (2000): *Die emotionale Welt des Kindes.* Frankfurt am Main

Ekman, P. (2001): »Man kann emotional geladen sein, ohne es zu bemerken«. Ein Gespräch mit Paul Ekman. In: *Psychologie heute*, Nov. 2001, S. 36 ff.

Fuchs, T. (2000a): *Leib-Raum-Person. Entwurf einer Phänomenologischen Anthropologie.* Stuttgart

Fuchs, T. (2000b): *Psychopathologie von Leib und Raum. Phä-*

nomenologisch-empirische Untersuchungen zu depressiven und paranoiden Erkrankungen. Darmstadt

Fuchs, T. (2008): *Das Gehirn – ein Beziehungsorgan. Eine phänomenologisch-ökologische Konzeption*. Stuttgart

Gulda, F. (o. J.): *Worte zur Musik*. Weitra

Hüther, G. (2007): Radiointerview

Mauss, I. (2005): Emotionskontrolle. Mensch, ärger dich nicht! In: *Gehirn & Geist* 7/8-2005, S. 40 ff.

Mercier, P. (2004): *Nachtzug nach Lissabon*. München, Wien

Sartre, J. P. (1939): Skizze einer Theorie der Gefühle. In: *Die Transzendenz des Ego*. Reinbek 1982

Schmitz, H. (1989): *Leib und Gefühl. Materialien zu einer philosophischen Therapeutik*. Paderborn

Stern, D. (1992): *Die Lebenserfahrung des Säuglings*. Stuttgart

Wellershoff, D. (2002): *Der Liebeswunsch*. München

Über die Autoren

Dr. Udo Baer ist Diplom-Pädagoge, Kreativer Leibtherapeut, Mitbegründer der Zukunftswerkstatt *therapie kreativ*, Wissenschaftlicher Leiter des Instituts für soziale Innovationen (ISI), Vorsitzender der Stiftung Würde und Mitinhaber des Pädagogischen Instituts Berlin.

Dr. Gabriele Frick-Baer ist Diplom-Pädagogin, Kreative Leib- und Traumatherapeutin AKL, Vorstandsmitglied der Stiftung Würde und Mitbegründerin der Zukunftswerkstatt *therapie kreativ*.

Gemeinsam haben Udo Baer und Gabriele Frick-Baer zahlreiche erfolgreiche Bücher über Gefühle verfasst, unter anderem *Das große Buch der Gefühle*.